董兴华·编著

中国梦
家乡情
Zhongguomeng Jiaxiangqing

我爱

江西

山东画报出版社

U0747079

图书在版编目（ＣＩＰ）数据

我爱江西/董兴华编著 . —济南：山东画报出版
社，2014.2

（"中国梦家乡情"丛书）

ISBN 978 - 7 - 5474 - 1203 - 9

Ⅰ.①我… Ⅱ.①董… Ⅲ.①江西省—概况—青年读
物②江西省—概况—少年读物 Ⅳ.①K925.6

中国版本图书馆 CIP 数据核字（2014）第 029247 号

责任编辑 李新宇
装帧设计 林静文化
主管部门 山东出版集团有限公司
出版发行

社　　址　济南市经九路胜利大街 39 号　邮编 250001
电　　话　总编室（0531）82098470　（010）61536005
　　　　　市场部（0531）82098479　82098476（传真）
网　　址　http：//www. hbcbs. com. cn
电子信箱　hbcb@ sdpress. com. cn
印　　刷　北京山华苑印刷有限责任公司
规　　格　165 毫米×225 毫米
　　　　　12 印张　40 幅图　112 千字
版　　次　2014 年 3 月第 1 版
印　　次　2014 年 3 月第 1 次印刷
定　　价　23.50 元

序 言 PREFACE

月是故乡明

　　"中国梦　家乡情"丛书出版了,可喜可贺!

　　对家乡故土的眷恋可以说是人类共同而永恒的情感,对家乡和祖国充满热爱与牵挂,更是具有深厚文化底蕴和历史积淀的中华民族传统美德。

　　"乡愁是一枚小小的邮票,我在这头,母亲在那头。"台湾著名诗人余光中的《乡愁》诗曾在海峡两岸同胞心中激起强烈的共鸣。诗人把对亲人、家乡、祖国的思念之情融为一体,表达出远离故乡的游子渴望叶落归根的浓郁而又强烈的家国情怀。纵览历史长河,历代志士仁人留下了多少对家乡魂牵梦萦的不朽诗篇,激励着一代代中华儿女的爱国思乡情怀。李白的"举头望明月,低头思故乡",杜甫的"露从今夜白,月是故乡明",无一不是抒发浓浓的思念故土之情。

民族传统文化是一条奔流不息的长河，从古至今绵延不绝。家乡是一棵枝繁叶茂的大树，守护着我们的生命，铭记着我们的归属。而薪火相传的家乡文化则是一方沃土，拥有着最厚重、最持久、最旺盛的生命力，滋养着一代又一代的青少年茁壮成长。中国有着九百六十万平方公里的土地和辽阔的领海，山河壮丽，幅员辽阔，物华天宝，人杰地灵。不同的地域有着不同的源远流长的家乡文化，辉煌灿烂，博大精深，特色鲜明，各有千秋。

一方水土孕育一方文化，一方文化影响一方经济造就一方社会。在中华大地上，不同地域有着不同的自然地理环境、民俗风情习惯、政治经济情况，形成了各具特色的地域文化。中国是世界上最古老的文明国家之一，有着几千年光辉灿烂的文明历史，行政区划的历史也十分悠久。从公元前688年的春秋时期开始置县，中国的行政区划至今已有2500多年的历史。作为最高一级的行政区划单位，省级行政区域的设立和划分起源于元朝。后来不同朝代和历史时期多有调整，到目前为止，我国共有23个省，5个自治区（自治区是中国少数民族聚居地方实行民族区域自治而建立的相当于省的行政区域），4个直辖市（直辖市是人口比较集中，在政治、经济、文化等方面具有特别重要地位的省级大城市），2个特别行政区（特别行政区与省、自治区、直辖市同属直辖于中央人民政府的地方行政区域）。此外，台湾作为一个省份，也是中国领土不可分割的组成部分。这套丛书即是以省级行政区划为单元分册编写的。

这套丛书以青少年为阅读对象，力求内容准确可靠，详略得当，行文通俗，简洁流畅，注重知识性、趣味性、可读性，让青少年较为系统地了解家乡的自然环境、山川河流、资源物产、悠久历史、杰出人物、文化遗产、民俗风情、名胜古迹、经济建设等方面的情况，感受祖国各地的家乡之美。通过这些文化元素的熏陶，培养青少年对祖国和家乡的朴素感情，引导青少年热爱生于斯、长于斯的这片沃土，陶冶情趣，铸造性情。希望广大青少年认真阅读，汲取这套家乡文化读本中的精华，进而树立热爱家乡、热爱祖国的决心和信念，为建设家乡、建设祖国贡献力量。

（原新闻出版总署署长）

2014 年 2 月 6 日

目 录 CONTENT

第一章

江山如画——壮丽的江西

江西省位于我国的东南部，地处长江中、下游交接部的南岸，东临浙闽，北毗鄂皖，西接湖南，南连广东，素有"吴头楚尾，粤户闽庭"之称，是我国东南沿海的腹地。因其"襟三江而带五湖，控蛮荆而引瓯越"而"物华天宝"、"人杰地灵"。唐朝时省境大部分隶属于江南西道，故名江西。境内源于群山的五江，以赣江为主流，自南而北流贯全省，为省内第一大河，这也是江西简称"赣"的由来。

∧龙虎山丹霞地貌

我爱江西

第一节　江西自然环境概述

　　江西省位于我国的东南部，地处长江中、下游交接部的南岸，东起东经 118° 28′ 58″，西迄 113° 34′ 36″，南至北纬 24° 29′ 14″，北达 30° 04′ 40″ 之间，南北长约 620 公里，东西宽约 490 公里，土地总面积约为 16.69 万平方公里，约占全国总面积的 1.74%，是我国的中等省份。它东临浙江、福建，南连广东，西接湖南，北毗湖北、安徽，素有"吴头楚尾，粤户闽庭"之称，是我国东南沿海的腹地。初唐四杰之一的王勃赞之为"襟三江而带五湖，控蛮荆而引瓯越"，因而"物华天宝"、"人杰地灵"。因唐朝时省境大部分隶属于江南西道，故名江西。境内源于群山的五江，以赣江为主流，自南而北流贯全省，为省内第一大河，这也是江西简称"赣"的由来。

一、地质、地貌、地形

　　江西地貌类型齐全，地理上自成单元，地势南高北低，周围高中间低，由南向北，从边缘向腹地，逐渐向北部的鄱阳湖倾斜，构成一个向北开口的巨大的红色盆地，省内各河流分别从东、南、西三面流经丘陵和山间盆地，最后注入鄱阳湖。江西地形较为复杂，境内兼有山地、丘陵和平原，地形系以山地丘陵为主，约占全省总面积的 60%，是我国江南丘陵的重要组成部分。其中边缘山地约占全省总面积的五分之一，最高山峰武夷山主峰黄岗山海拔2158米。江西的地形结构可分为三部分：

边缘山区：江西东、西、南三面环山，重峦叠嶂，郁郁葱葱，钟灵毓秀，景色迷人。这部分山地耸立在省境边缘，成为江西与邻省的天然分界线。

中南部丘陵区：海拔基本在200—400米，其间盆地相间，错落别致，盆地内土壤肥沃，气候宜人，城市发展迅速，如吉泰、赣州、瑞金、兴国、南丰诸盆地等。

北部鄱阳湖平原区：坦荡无垠，广阔肥沃，江湖交织，河道纵横。

此外，在赣东南、西南山区、赣东北山地和赣西北山地中，河流两侧有冲积平原，形成若干谷地，如修水谷地、袁水谷地、信江谷地等。全省地理地形和土地利用的比例轮廓大致是"六山一水二分田，一分道路和庄园"，形成一个四周有自然屏障、内有完整体系结构的地理单元。这样一种地理优势，确定了历史时期江西人居、经济以及行政区划的基本格局，对江西的历史发展、社会演变产生了巨大的影响。

江西的土壤资源丰富，类型多样，有红壤、黄壤、山地黄棕壤、山地草甸土、紫色土、潮土、石灰土和水稻土等八个土类，其分布的地带性和地域性规律都比较明显。其中红壤和黄壤两大类型分布较为广泛，是江西的主要土壤，约占全省土地面积的70%，尤以红壤分布最为广泛，从鄱阳

< 从高空俯瞰江西大地

红 壤

　　红壤是在亚热带气候和常绿阔叶林作用下发育而成的土壤。在我国江南地区广泛分布。由于该地区降水丰沛，土壤淋溶作用强，故钾、钠、钙、镁积存少，而铁、铝的氧化物较丰富，故土壤颜色呈红色，一般酸性较强，土性较黏。由于红壤分布地区气候条件优越，光热充足，生长季节长，适于发展亚热带经济作物、果树和林木，且作物一年可两熟至三熟。土地的生产潜力很大。在我国，红壤地区是稻米、茶、丝、甘蔗的主要产区，山地还适于种植杉树、油桐、柑橘、毛竹、棕榈等经济林木。红壤的酸性强，土质黏重是红壤利用上的不利因素，可通过多施有机肥、适量施用石灰和补充磷肥、防止土壤冲刷等措施提高红壤肥力。

湖滨海拔 20 米以上的丘陵冈地，直至海拔 500—600 米的高丘和低山都有分布，约占全省土地总面积的 55.8%。由于一半以上的土地是红色的土壤，而岩层又多为红色岩系，故江西又有"红色丘陵"之称。大量分布的红壤为江西综合发展农林牧副渔各产业提供了有利条件。

　　此外，美丽的江西大地还分布着许多其他类型的土壤。鄱阳湖平原及五大水系的河谷冲积平原多冲积性耕地土壤，主要是水稻土和潮土两大类，约占全省土地面积的 15.2%，是全省主要的农业土壤，尤其是水稻土非常适宜耕作，面积有 3000 万亩，占全省耕地面积的 85%。岩性土壤有紫色土和石灰土，分布面积都不是很大，石灰土主要分布于石灰岩山地丘陵地区，紫色土主要分布在赣州、抚州和上饶的丘陵地区，其他丘陵地区也有小面积的零星分布，两种土地类型约占全省土地面积的 4.5% 左右。在山区，随着海拔的增高，还分布着大量的黄壤、山地黄棕壤和山地草甸土等类型的土地，其中黄壤主要分布在山地的中上部，海拔700—1200米之间，约占全省土地总面积的10%。山地黄棕壤主要分布在海拔1000—1400米的山地。山地草甸土主要分布在海拔1400—1700米高山的山顶，面积很小。

知识小百科

神农源地质公园

神农源地质公园位于江西省万年县东部，北与乐平相邻，东与弋阳相连，由仙人洞、吊桶环景区与神农宫洞穴景区两大景区组成，面积61.7平方千米。园内山清水秀，生态环境优良，不仅拥有优美的石林和典型的峰丛洼地等岩溶地貌景观，而且在仙人洞和吊桶环的洞穴堆积中还出土了大量的古人类文化遗物，是集地质、地貌、人文、自然生态为一身的自然景观，具有极高的美学欣赏价值、科普教育价值和科学研究价值。

<神农源风景区

二、气候特征

　　江西省地处北回归线附近，属于亚热带湿润季风气候区，气候温和，四季分明，光照充足，雨量充沛。冬季寒冷，夏季炎热，春秋两季气温适度，风物最为宜人。但春秋两季短暂，各为两个月左右；夏冬长，夏季可长达四至五个月，冬季长约三个月左右。

　　全省年平均气温为 16.2℃—19.7℃，大致是平原、丘陵高于山区，赣南高于赣北；南北气温相差 3.5℃。从 3 月至 10 的月平均气温均高于10℃；全年最冷的月是 1 月，平均气温为 3.7℃—8.6℃；最热的月份是 7 月，平均气温为 27℃—30℃。赣江下游和鄱阳湖平原是高温中心，而赣南地区虽气温较高，但由于有地方性雷雨的调剂，又因地势较高，故夏季气温反而比赣江下游和鄱阳湖平原低。省城南昌市夏季日间温度多在 32℃—38℃之间；庐山是著名的避暑胜地，7 月平均气温仅 22.5℃。伏夏时期因受太平洋高压控制，全省高温少雨，极端气温常高于 40℃。冬季又受西伯利亚冷高压的影响，极端气温都在零度以下，一般约在零下 6℃—10℃之间。

避暑胜地庐山 >

全省平均无霜期长达 241—304 天，初霜期常出现于 11 月 13 日至 12 月 11 日，早霜年份会提前出现于 10 月下旬，终霜期各地不一，约在 2 月 8 日至 3 月 17 日之间。

江西雨量充沛，年平均降雨量大都在 1341—1940 毫米之间，为我国的多雨地区之一。但雨量的季节分布极不均匀，春雨和梅雨比较明显，4—6 月是多雨季节，平均降水量为 588.3—938.8 毫米，约占全年降水量的 43%—53%。12—1 月是少雨季节，月平均降水量仅 30—40 毫米。全年平均降水日在 138.3—181.0 天之间。由于省境所处地理位置以及复杂的地形等因素的影响，赣东、赣东北、赣西北三个地区是多雨中心，而吉泰盆地和鄱阳湖平原则为少雨中心。全省一年四季均可出现暴雨，春夏之交有因冷暖气流冲突而产生暴雨，夏季则有地方性暴雨，夏末秋初又因台风影响而出现暴雨，年平均暴雨日 2.6—6.3 天，特大暴雨为 1 天左右，5 月或 6 月一般为暴雨季节。

三、江西行政区划及历史变迁

3500 年前，我国中原地区进入奴隶制的商王朝时期，江西也大致跟上了中原地区的发展步伐，在今天的南昌、瑞昌、万年、清江、新干、万载、德安、奉新等地发现了商代遗址 30 多处。春秋、战国时期中原地区进入封建社会，目前在江西已发现了许多春秋战国遗址，如新干县的战国粮仓遗址、贵溪仙岩的崖墓等，其出土实物表明江西地区已进入封建社会。以后历代，江西省的区域不断发生变化，江西作为一个独立完整的区域出现是在两汉时期。

两汉时期设立的豫章郡辖区大体相当于今天的江西，所以豫章就被作为古代江西的通称。唐开元二十一年（733 年），分全国为 15 道，江西境内大部分地区属于江南西道，简称"江西"，"江西"一名才开始出现。

元朝分全国为十一行省，江西属于江西行中书省。不过，江西行中书省管辖的范围比较大，除了今天的江西外，还包括了广东，但今属江西的信州、饶州以及铅山却归属江浙行省管辖。明代沿袭元制，江西地区属江西承宣布政使司管辖，也称江西省，下辖十三府七十二县，北至九江，东至玉山，南至安远，西至永宁（今称宁冈县），与今天省境基本一致，只有婺源县尚不在江西区划之内。清代及民国初年，江西省分为豫章、浔阳、庐陵、赣南四道。自此以后，江西省的辖区范围便没有什么大的变动，只是1934年将婺源县从安徽划来，将光泽县从福建划来，1947年二县又被划回去，

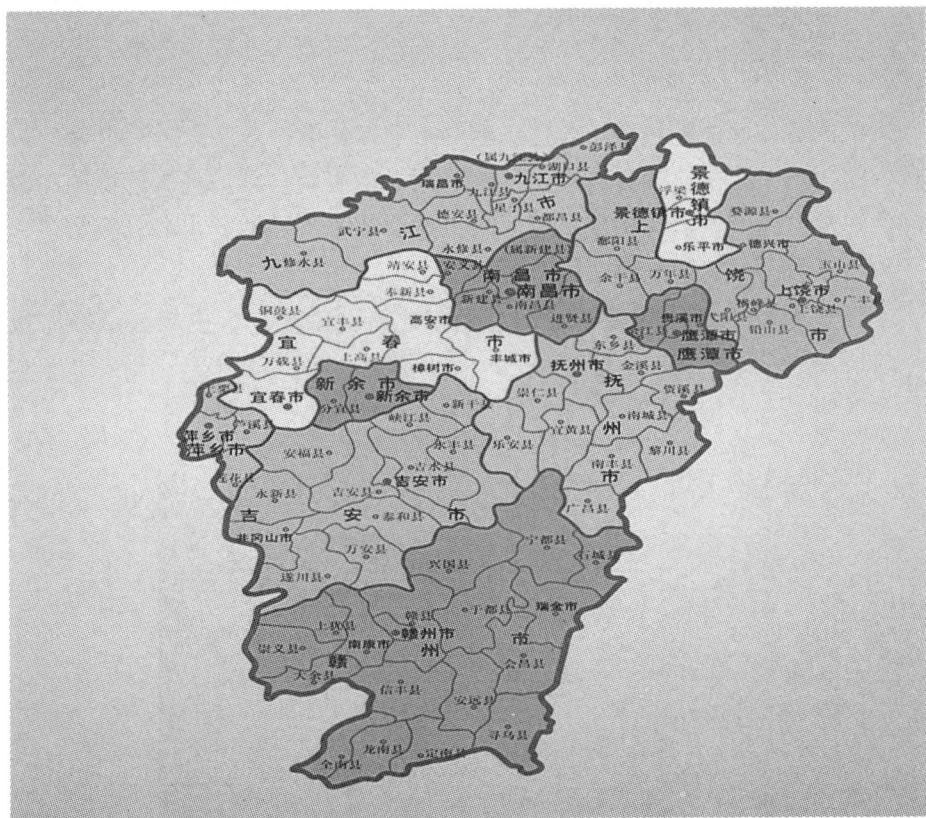

∧ 江西政区图

江山如画——壮丽的江西

1949 年 4 月，婺源县再划归江西。

新中国成立后，江西的行政区划做过多次调整，截至 2012 年 2 月，江西省共设南昌、九江、上饶、景德镇、萍乡、新余、鹰潭、赣州、宜春、吉安、抚州等 11 个地级市、11 个县级市、70 个县、26 个市辖区。

第二节　江西的山川

江西省山地面积较大，总计达 6 万余平方公里，占全省面积的 36%。省内的六条主要山脉多分布在东、南、西三面省境边陲，高高低低的山峦起伏绵延，冈峦重叠，构成了省际的天然界线和河流的分水岭，故当地有"六山一水二分田"的说法。

怀玉山位于江西省境东北部，呈东北—西南走向。主峰玉京峰海拔

< 罗霄山脉

1816 米，一般多在 500 米左右，是鄱阳湖水系和钱塘江水系的分水岭，也是江西省铜储量最多的地区。

武夷山斜迤于江西境域的东陲，呈东北—西南走向，沿江西、福建两省界延伸，绵延 500 公里，山势雄伟，构成赣闽屏障。武夷山海拔多在 1000—1500 米之间，其主峰黄岗山海拔 2158 米，为省内第一高峰，是江西省的"屋脊"。山间的峡谷和隘口是赣闽两省的天然通道，整个山脉还是两省河流的分水岭。

九连山和大庾岭，属南岭山脉的分支，盘亘于江西、广东两省之间，大致呈东北—西南走向，海拔 1000 米左右。九连山主峰黄牛石海拔 1430 米。山中有大量花岗岩侵入，以钨为主的有色金属矿床丰富，被誉为"钨都"。九连山还是赣江与珠江流域东江、北江水系的分水岭。

耸立于江西、湖南边境的罗霄山脉是万洋、诸广与武功山的统称，山体呈东北—西南走向，海拔多在 1000 米以上，主峰南风面，海拔 2120 米，为省内第二高峰。武功山主峰金顶，又名白鹤峰，海拔 1918 米，是赣江支流泸水和袁水上游的分水岭。屹立于万洋山北端的井冈山，外环高山，地势险要，有"一夫当关，万夫莫开"之险，野生动植物资源丰富，是建立中国第一个农村革命根据地的地方，有"革命摇篮"之称。罗霄山脉是赣江水系和洞庭湖区湘江水系的分水岭。

幕阜山位于江西省境西北部，呈东北—西南走向，海拔多在 1000—1500 米之间。幕阜山分隔着江西、湖北两省，向西蜿蜒入湖南省，东部的余脉断层突起成为庐山，主峰汉阳峰，海拔 1474 米。庐山云雾缭绕飘渺，奇松怪石林立，风光旖旎秀丽，是驰名中外的避暑地和文化名胜地。

九岭山位于江西省境西北、幕阜山之南，海拔 1000 米左右，最高峰九岭尖，海拔 1794 米。九岭山是锦江和修河的分水岭，也是修河干流和其支流潦水的分水岭。

一、庐山

庐山，雄踞在江西北部，耸峙在长江之滨，巍峨挺拔，气势雄伟。它北依九江市和九江县，南接星子县，东临鄱阳湖，西濒德安县，南北长约50余里，东西宽约20余里，境内90余座山峰，周围绵亘500余里，如同一位巨人，屹立在辽阔的鄱阳湖平原上。站在庐山最高峰可以北望长江、南观鄱阳湖。传说古时候有姓匡的七兄弟在山上建草庐隐居，后来他们成仙升天，而草庐犹存，后人以庐山或者匡庐以名此山。

庐山虽处亚热带，但山高谷深，山地气候特征鲜明，气候分外宜人，是全国著名的避暑胜地。夏日的庐山平均气温只有22.6℃左右，每年7—9月平均温度16.9℃，即便是最高温度也很少超过28℃。此外，庐山雨量充沛，植被茂密，森林覆盖率为46.6%。山上有3400多种植物，郁郁葱葱，无边的林木，碧绿的青山，好似天然氧吧，使庐山空气清新宜人。炎炎夏日庐山的清凉世界，犹如沙漠中的绿洲，吸引着人们前来消夏避暑。

唐朝大诗人白居易曾称赞庐山"匡庐奇秀甲天下"，宋代大文豪苏轼更是流连于庐山的"横看成岭侧成峰，远近高低各不同"，使得庐山更加声名远扬。陡峭险峻的悬崖、毓秀深幽的峡谷、雄伟壮丽的飞瀑、郁郁葱葱的花木、澄净瑰丽的湖池、神秘不凡的奇石异洞、浩瀚诡谲的云雾，加上热闹非凡的街市，恰如一幅秀丽多姿的画卷展现在世人面前。

庐山不仅是一座风景秀丽的奇山，还是一座底蕴深厚的文化名山。佛教、道教、儒教三种文化在这里交相融会，给庐山留下了众多宝贵的文化遗产。远至东晋时，庐山就已是我国佛教、道教活动中心，佛寺多集中在山南，宫观多集中在山北；隋唐至明清，庐山又是全国教育基地，书院大量兴建，白鹿洞书院、鹅湖书院、白鹭洲书院驰名中外，来庐山游历或隐居、读书的文人墨客络绎不绝，为庐山留下了众多宝贵的人文景观。

庐山 >

近代以后，伴随着帝国主义的入侵，庐山牯岭被列强强行租借，美丽的庐山遭到了外国列强的无情践踏。外国人在庐山建别墅，修教堂，宛如自己的土地。时至今日，庐山还保存着美、德、日、英、法、葡、澳、俄、捷、芬兰、挪威等20多个国家的风格各异的别墅600余栋，这是旧中国那段屈辱历史的真实见证。同时，这些砖瓦石墙、依山建筑的别墅园林掩映在绿树之中，成为现在庐山风景名胜区中一道别致的人文历史景观。

到了现代，庐山曾是政治人物的活动场所，见证了风云激荡的岁月。上世纪30年代，蒋介石把庐山作为国民政府的夏都，而他居住的别墅"美庐"则成为仅次于南京总统府的官邸，他那次预示着第二次国共合作开始的"庐山讲话"更是影响深远。新中国成立后，毛泽东主席在庐山主持召开过三次有重大影响的中共中央会议，对新中国的发展建设产生了深远的影响。

庐山的主要风景名胜有：庐山植物园、白鹿洞书院、仙人洞、美庐、含鄱岭、五老峰、三叠泉、三宝树、双龙潭、大小天池、芦林湖、如琴湖、花径、锦绣谷、龙首崖、铁船蜂、东林寺庐山博物馆等。

江山如画——壮丽的江西

二、三清山

三清山，又名少华山、桠山，雄踞于江西东北部，玉山和德兴两县交界处，其山脉绵亘赣浙两省五县，方圆数百里，因山上的玉京、玉华、玉虚三座高峰，就像道教的三清尊神并列而坐，所以得名三清山。三清山是一个狭长的山体，由西北向东南高耸，东险西奇、南秀北绝。因其山势险峻，峰崖挺拔，云海滚滚，其自然景观兼有泰山之雄、华山之险、黄山之奇、庐山之秀，被称为"天下无双福地，江南第一仙山"。

三清山地处亚热带气候区，却具有高山气候的特征，年平均气温17.2℃，7月份平均气温21.8℃，年平均降雨量2241.3毫米，四季分明，气候宜人，这样的气候为山上野生植物提供了良好的生存环境，植被茂盛，郁郁葱葱，飞禽走兽，生意盎然，因而三清山四季景色绮丽秀美。融融春日，杜鹃怒放，百花争艳；春夏之交，流泉飞瀑，云雾缭绕；三伏盛夏，浓荫蔽日，凉爽宜人；仲秋前后，千峰竞秀，层林飞染；三九严寒，冰花玉枝，银装素裹，宛如琉璃仙界。

< 三清山

三清山 >

　　三清山风景区面积220平方公里，中心景区70多平方公里，由三清宫、梯云岭、山羊床、玉京峰、西华台和二桥墩6个主要风景区组成。

　　三清山以山岳景观为主，奇峰、响云、彩瀑是三清山最具特色的奇观。奇峰怪石多集中在梯云岭景区，著名的"巨蟒出山"、"观音赏曲"、"东方女神"被称为三清山"三绝"，也是世界上罕见的自然景观。三清山的云海非常有特色，有的似大海翻波，有的似江河奔流，有的似凌空直泻的瀑布。最令人难忘的是琼台、玉台两处的响云，当山风从深谷中飞卷浓云，掠过林海直奔山峦时，会发出嘘嘘的响声。彩瀑也是三清山的奇特景观，著名的有二桥墩红色瀑布、川桥红白瀑布、鸳鸯潭黄白瀑布。

　　三清山动植物资源丰富，原始森林覆盖率达80%以上。山羊床景区有"天然植物园"的美称，西华台景区有万亩以上保存完好的原始森林，已列入国家保护的珍稀动、植物就达数十种。

　　三清山是我国江南道教圣地之一，远在晋朝，道教早期著名方士葛洪就曾在山上修道炼丹，至今紫烟石下尚有炼丹炉遗址和丹井。三清山的50多处道教古建筑，大多是明朝修建的，保存较完整的有：三清宫、演教殿、龙虎殿、九天应元府、天佑墓、风雷塔、众妙千步门、冲虚白步门等。

这样一座景色优美秀丽、历史人文积淀浓厚的名山，是避暑游玩、度假休闲、宗教朝圣的绝佳之地。三清山的著名景观有：蒲牢鸣天、三龙出海、神龙戏松、葛洪献丹、观音赏曲、老道拜月、猴王观宝、玉女开怀、巨蟒出山、东方女神等。

三、井冈山

井冈山，位于江西省西南部，地处江西、湖南两省交界的罗霄山脉中段，东临江西泰和、遂川两县，南邻湖南炎陵县，西靠湖南茶陵县，北接江西永新县，是江西省西南的门户。井冈山中部是崇山峻岭，两侧是低山和丘陵，有很多小块平地，像水井似地被四周高山环绕，又因井状溪流多而得名"井冈山"。

井冈山属中亚热带湿润性气候。年平均气温14℃，全年之中，7月平均气温24℃，为最热月；1月平均气温3℃，为最冷月。年均降雨量1865毫米，年均雾日96天。冬温夏凉秋爽，春夏多阵雨，秋冬多有雾。

井冈山山地面积为总面积的89%，森林覆盖率高达64%，有"绿色宝库"之称，全境有原始森林四处，面积近7000公顷，植物种类有3800多种，其中高等植物2000多种，木本植物800多种，珍稀树种繁多，中国特有或世界稀有树种有观光木、鹅掌楸、香果树、银杏、黄杉、冷杉、台湾松、福建柏、银钟花等上百种。井冈山又是天然动物园，840多种动物栖息在这里，属于国家一、二、三级保护动物的有黄腹角雉、短尾猴、华南虎、云豹、大灵猫、原麝马鹿、毛冠鹿等20多种。此外井冈山还以盛产竹笋、香菇、玉兰片、石鸡、石耳等山珍而享誉。

井冈山有着著名的"十里杜鹃天然长廊"，每到春末夏初杜鹃花盛开的时节，在陡峭的山脊上，盛开的杜鹃花密密匝匝地伸向蓝天，灿烂夺目，映红了五百里井冈山。别处的杜鹃是灌木，而井冈山的杜鹃却是乔木的，

井冈山的红杜鹃 >

而且多达 16 个品种，它们每棵都高达 15 米以上，干围 1 米左右，开出的花朵呈五角形，大的如碗口，小的像纽扣，有的一棵树上竟开着几种不同颜色的花，花态各异，五彩缤纷，美不胜收。

井冈山瀑布绰约多姿，掩映在深幽的谷地和杜鹃林之中，有 100 多处，井冈山瀑布以瀑布众多、落差较大、形态优美而著称。五龙十八潭是井冈山主要的自然景观，数百尺的水帘腾空而下，冲击着突兀的岩石，潭边奇花异树，与腾起的迷人水雾交相辉映，引人入胜。

1927 年秋，毛泽东、朱德等中国共产党人率领中国工农红军，在这里创建了第一个农村革命根据地，为中国革命开辟了一条以农村包围城市最后夺取城市的正确道路，因而井冈山以"革命摇篮"而饮誉海内外。

瑰丽的自然风光、光荣的红色历史相得益彰，使得井冈山更加美丽动人，引人入胜。如今井冈山风景名胜区面积达 213.5 平方公里，分为茨坪、龙潭、黄洋界、主峰、笔架山、仙口、桐木岭、湘洲等八大景区，有景点 60 余处，景物景观 270 多个。雄伟的山峦，怪异的山石，参天的古树，神奇的飞瀑，磅礴的云海，瑰丽的日出，烂漫的杜鹃，奇异的溶洞，令人心旷神怡，流连忘返。这里夏无酷暑，冬无严寒，气候宜人，四季咸游，春赏杜鹃、夏观云海、秋眺秀色、冬览雪景，是观光浏览、避暑疗养、科学

江山如画——壮丽的江西

考察、历史研究的好去处，以至有"井冈山下后，万岭不思游"的美誉。

井冈山主要景点：黄洋界、八面山、主峰、井冈山革命博物馆、笔架山、井冈山烈士陵园、天街、挹翠湖公园、茨坪革命旧居群、毛泽东旧居等。

四、龙虎山

龙虎山位于江西省鹰潭市郊西南20公里处，原名云锦山。东汉中叶，道教创始人张道陵（亦称第一代天师）在此炼丹，"丹成而龙虎现，山因得名"，龙虎山因而也成为中国道教发祥地、中国道教第一山。自张道陵以后，道教天师在这里承袭了63代，历1900年，是我国一姓嗣教时间最长的道教，素有北孔（孔夫子）南张（张天师）之称。历来被尊称为"道教祖庭"、"百神授职之所"的大上清宫，始建于东汉，为祖天师张道陵修道之所。龙虎山建有91座道宫，81座道观，50座道院、24殿、36院。这些宫、观、院多已不存，但规模宏大的上清宫部分建筑和历代天师起居之所的"嗣汉天师府"至今尚存。

< 龙虎山

我爱江西

处于亚热带季风气候区的龙虎山，四季分明，温和湿润，气候宜人。尤其是在炎炎夏日，植被茂盛，空气清新的龙虎山是旅游避暑的好去处。良好的气候条件孕育了龙虎山丰富的动植物资源。龙虎山地区有植物100多科、460多种，兽类40余种，鸟类170余种，以及众多爬行类、鱼类、蚌类、蜂类、蝉类动物。拥有众多像南方红豆杉、娃娃鱼、水獭、灵猫、肥螈、蝾螈等珍稀物种。这些大自然的精灵为龙虎山增添了无尽的灵气，与龙虎山浓厚的人文气息相得益彰，令龙虎山熠熠生辉，声名远扬。

　　经过多年的开发，龙虎山地区已发展为龙虎山景区，成为世界地质公园、国家自然文化双遗产地、国家5A级风景名胜区、国家森林公园和国家重点文物保护单位。景区面积200多平方公里，是一个融独特山水、丹霞地貌、道教文化、古越崖墓群等为一体的自然和人文相结合的景区。源远流长的道教文化，独具特色的碧水丹山和千古未解的崖墓之谜构成了龙虎山风景名胜区自然景观和人文景观的"三绝"。2010年8月1日，第三十四届世界遗产大会更是把龙虎山列入《世界遗产名录》。自此，龙虎

知识小百科

龙虎山国家地质公园

　　龙虎山国家地质公园位于江西省鹰潭市，总占地面积3800公顷。又被称作龙虎山地质遗迹保护区。该保护区南北长28公里，东西宽11—18公里，保护范围与龙虎山风景名胜区基本吻合。为把龙虎山建设成世界一流的地质公园，自2004年起，该市就开始高标准规划、高水平策划、高质量建设江西龙虎山国家地质公园，先后投入资金6000余万元用于公园旅游步道、服务设施建设、地质遗迹保护及公园宣传推介等。龙虎山地质公园是中国已发现737处丹霞地貌中发育最好、最完整的地区，公园丹霞地貌成因以构造侵蚀为主。公园内流泉飞瀑、飞珠溅玉等自然景色秀美。

山已经成为我国第八处世界自然遗产。

龙虎山风景名胜区包括大上清宫、应天山、龙虎山、仙水岩、马祖岩、洪五湖等六大景区。整个景区略呈南北长、东西窄的长条形，上清河（又名泸溪河）纵贯其中。

龙虎山著名景点有：仙女岩、僧尼峰、春秋战国崖墓群、飞云阁、象鼻山、排衙峰、正一观、大上清宫、上清古镇、天源德药栈、应天山、天鹅湖、香炉峰、鬼谷洞等。

五、石钟山

石钟山位于江西湖口县，地处长江、鄱阳湖会合之口的东南岸，海拔61.8米，相对高度约40米左右，面积仅0.2平方公里。因山石多隙，水石相搏，击出如钟鸣之声而得名。石钟山有上石钟和下石钟之分。上石钟山倚南，下石钟山靠北，两山对峙，相距不到1公里，皆以断崖临湖滨江。北宋大文豪苏轼曾夜泊山下写下了著名的《石钟山记》，更使石钟山名扬四海。

石钟山扼江控湖，地势险要，居高临下，进可攻，退可守，历为兵家必争之地，号称"江湖锁阴"。岁月蹉跎，物换星移，石钟山上至今还留有大量的战争遗迹。上石钟山上的"英雄石"，相传为明朝大将常遇春与陈友谅交战时，用枪挑放于此，至今石上还有枪挑的痕迹。太平遗垒是当年太平天国翼王石达开率太平军坚守石钟山所建的营房堡垒遗址。当年太平军为防御湘军水师，在石钟山垒石为城，铁索锁江，并大破湘军水师。1913年7月，江西都督李烈钧在孙中山先生的领导下，发动了著名的"湖口起义"，史称"二次革命"，李烈钧的总司令部就设在石钟山上。所以，石钟山自古至今都在中国军事史上占有重要的历史地位。

石钟山自古以来就是游览胜地。山上奇石突兀，怪石峥嵘，层林叠翠，楼阁隐约，曲径迂回；山下浩瀚鄱阳湖，滚滚长江，波澜壮阔。登上石钟

石钟山

山远眺，烟波浩淼，洲渚回合；江湖汇合处，江水西来而浊，湖水南来而清，现出一条清浊分明的水带。楚天江水，湖光山色，构勒出一幅美丽的画卷，使人流连忘返。石钟山雄奇、秀丽的景色，吸引了历代不少名人学者留下了大量的墨迹石刻。据不完全统计，石钟山留下的诗文有700余首，文赋50余篇，石刻遗迹170余处。

石钟山的主要景点有：石钟亭、半山亭、英雄石、怀苏亭、绀园、江天一览亭、船厅、锁江亭、清浊亭、浣香别墅、太平遗垒、石钟洞、泛舟崖等30余处。

第三节　江西的河流与湖泊

江西全省有大小河流2400多条，总长约18.4万公里。在这众多的河流中，有160多条是常年有水的河流，其他的多为季节性河流。它们当中，除瑞昌、彭泽等地部分河流直接注入长江，萍乡、寻乌和定南一带的部分河流分属于湘水与珠江水系外，其他各主要河流都注入鄱阳湖，最后经湖口注入长江。

　　赣江是江西省第一大河流，也是仅次于汉江的长江第二大支流，它纵贯江西南北，穿越一连串的红色盆地和丘陵峡谷，最后经南昌注入鄱阳湖。赣江全长751公里，流域面积达8.3万平方公里，几乎占江西省面积的一半。此外，江西还有抚河、信江、饶河、修河等四大河流，统统汇入鄱阳湖，然后再经湖口流入长江。这五大河流，犹如五条蛟龙，蜿蜒于丘陵之间，嬉戏于盆地之中，倾泻于平原之上，不仅给庄稼以灌溉之利，给航运以舟楫之便，而且还为江西的经济发展提供了取之不尽的水力资源。

　　此外，江西还有天然湖泊100多个，除鄱阳湖最为著名外，其他较大的湖泊有南昌的青山湖、象湖、瑶湖，进贤的军山湖，九江的赛城湖、八里湖、赤湖，湖口的南北港、皂湖，彭泽的茅湖、太泊湖，都昌的花庙湖，波阳的珠湖、大连子湖，余干的汉池湖等，他们如同万里长江腰带上的颗颗明珠，点缀在江西大地上。

一、赣江

　　为省内第一大河，自南向北汇入鄱阳湖，南昌市八一桥以上流域面积原为83500平方公里，自清丰山溪经治理改由抚河故道直接入湖和赣江尾闾四支联圩围垦面积82182平方公里，为鄱阳湖区流域面积的50.7%，其中江西境内81233平方公里，占全省面积48.6%。主河道自贡水河源石城县石寮嵊至永修县吴城镇入鄱阳湖，全长766公里。

　　全流域呈东西窄南北宽不规则的四边形，南北最大长550公里，东西平均宽148公里。流域内地势，大体上，山地占50%，丘陵占30%，平原占20%，地面高程在20—1900米之间。流域内，河长大于30公里的干、支流有125条。

赣江 >

　　赣江以赣州市和新干县为界，划分上、中、下游。赣州以上为上游，山地纵横，支流众多，主要有湘水、濂江、梅江、平江、桃江、上犹江等，均发源于武夷山，分别汇入章水和贡水。赣州至新干为中游，由于河流穿山而过，因而多峡谷和险滩急流；万安以下，河流进入吉泰盆地，河面渐宽，水势和缓，东西两岸有孤江、遂川江、蜀水、禾水、泷水等较大支流汇入，水量大增；吉水到新干段，切穿武功山余脉，形成一个较长的峡谷带。新干以下为下游，山势渐退，江面逐渐开阔，水流平缓，有袁水和锦江汇入。

　　贡水主流在会昌县城以上称绵江，与湘水会合后，始称贡水，主流全长255公里，流域面积27072平方公里。沿贡水干流先后有主要支流湘水、濂江、梅江、平江和桃江汇入。章水古称彭水，是赣州市以上的另一条大支流，主流源出大余、崇义两县边陲，主河长223公里，流域面积7683平方公里，流域形状近似四方形。流域内，由广阔山区和狭长盆地交织而成，多变质岩红砂岩和花岗岩。章水、贡水在赣州市合流，称赣江。赣江干流过万安，在万安县城上首，是万安电站坝址，作为江西省最大的水电站，万安水电站控制面积36964平方公里，总库容23.7亿立方米。

江山如画——壮丽的江西

遂川江又名龙泉江，由右溪河与左溪河在遂川县汇聚而成，主河长168公里，流域面积2895平方公里。

锦江古称蜀水，源出宜春县的坪子岭，主河长305公里，流域面积7884平方公里。锦江较大的支流多在北岸，南岸为数不多，且流程较短，多在20公里左右。

赣江流域属于亚热带湿润季风气候，气候温和，雨量充足，非常适宜动、植物生长，年均降水量1400—1800毫米。60%以上为丘陵、山地，森林资源丰富，除松、杉等主要树种外，有棱木、银杏等珍贵树种。流域内耕地近118.5万公顷，主要粮食作物为水稻。经济作物有甘蔗、烟叶、茶叶、油茶、油菜、柑橘等，其中尤以三湖红橘驰名中外，遂川的狗牯脑茶及泰和的武山鸡均为名贵特产。赣江下游地区河流纵横，汊港密布，为江西主要水产基地之一，鱼类多达60余种，以鲥鱼最为名贵。矿藏资源主要有钨、锡、铜、铅、锌、钴、煤、铀及稀土等；非金属矿主要有石灰石、石膏等。

知识小百科

鲥 鱼

鲥鱼，俗称迟鱼，属辐鳍鱼纲鲱形目、鲱科、鲥属。为中国珍稀名贵经济鱼类，鲥鱼与河豚、刀鱼齐名，素称"长江三鲜"。宋代大文豪苏东坡专门写诗赞誉鲥鱼："芽姜紫醋炙鲥鱼，雪碗擎来二尺余。南有桃花春气在，此中风味胜莼鲈。"鲥鱼产于长江下游，以当涂至采石一带横江鲥鱼最佳美，素誉为江南水中珍品，古为纳贡之物。然而近年来，长江水生物种频频告急，继扬子鳄、中华鲟、白鳍豚、胭脂鱼之后，长江鲥鱼又出现危机。1988年鲥鱼被列入中国国家重点保护野生动物名录中第一级的保护物种。

二、抚河和信江

1.抚河

抚河是鄱阳湖水系主要河流之一，位于江西东南部，发源于武夷山脉西麓广昌县驿前乡的血木岭，干流长349公里，流域面积15856平方公里。流域形状似菱形，南北最长240公里，平均宽70公里，最宽140公里，地势东南高，西北低。流域内，河长大于30公里的干、支流有28条，溪涧众多，水势跌宕，水能蕴藏量约60万千瓦。流域位于中亚热带湿润季风区，主要农作物为水稻、棉花、甘蔗、瓜果等，其中南丰蜜橘最负盛名。

抚河以南城和临川两县为界，划分为上、中、下游。主要支流有：盱江、临水、东乡水等。盱江又称汝水，主河长158公里，流域面积4090平方公里。河床组成以砂砾为主，两岸山丘多砂岩，风化侵蚀颇剧，林木稀少，水土流失严重。临水为抚河最大支流，由崇仁水和宜黄水在临川县红桥镇合成，流域面积5140平方公里。东乡水又称南北港，流域面积1418平方公里，东乡县马圩以上有南北两支，于马圩和南支会合，马圩以下入临川县境。

抚河 >

2. 信江

信江，古称余水，位于省内东部，源出玉山县三清山东北麓平家源，自河源至瑞洪干流全长329公里，流域面积16890平方公里。下游水道分汊，貂皮岭以上，流域面积15950平方公里，河长312公里。干流在大溪渡以下于分东、西两支，东支经万年河入鄱阳湖；西支经瑞洪入鄱阳湖。全流域东西最长196公里，南北平均宽86公里，最宽120公里，呈不整齐的长方形。地势东南高，西北低，南北边缘均为山区，下游为平原区。流域内风光秀丽，名胜古迹众多，且森林、水利、矿产资源丰富。河长大于30公里的干、支流有36条。

信江以上饶和鹰潭两市为界，划分上、中、下游，主要支流有：玉山水、丰溪河、铅山河、白塔河等。玉山水，又名冰溪，长109公里，主河金沙溪，源出玉山县，会合甘溪、八都溪、玉琊溪，至上饶与丰溪河汇合后，称为信江。丰溪河又称永丰溪，源出福建省浦城县北部，流至上饶汇入信江，主河长64公里，流域面积2233平方公里，两岸丘陵梯田甚多。铅山河，流域面积1255平方公里，铅山县畴田坂以上有东西二支，二支合流后，于河口镇汇入信江，主河长82公里。白塔河为信江最大支流，源出福建省光泽县，主河长145公里，流域面积2838平方公里，河道流行于崇山峻岭，河谷狭窄，干流于锦江镇汇入信江。

< 信江

我爱江西

三、饶河和修河

1. 饶河

位于省内东北部，是昌江和乐安河在波阳县汇合后的总称，经波阳县尧山刘家，分二支汇入鄱阳湖。流域面积 15428 平方公里。流域形状呈鸭梨形，直线最长 170 公里，平均宽 95 公里。地势东北高，西南低，山地多分布在东北边界，平原多在下游和河谷两侧。流域内，河长大于 30 公里的干、支流有 28 条。主要支流有：昌江和乐安河。昌江又称鄱江，主河长 253 公里，流域面积 6220 平方公里。源出安徽祁门县的大洪岭和西坑，流经倒湖进入江西省，在波阳的姚公渡和乐安河汇合后汇入鄱阳湖。流域内，多古老变质岩区，岩层坚实，侵蚀较轻，河床较稳定，水中含沙量甚微，冲淤现象不明显。乐安河处于姚公渡以上，主河长 311 公里，流域面积 8989 平方公里，为鄱阳湖流域面积的 5.4%，源出安徽、江西边界的五龙山畔婺源县，干流流至婺源县城，水浅流急，婺源至太白镇，仍属水浅流急、多礁滩的山区性溪流，至乐平县城，两岸多丘陵河谷，县城以下，进入平原区，至石镇街以下，地势低洼，两岸筑有圩堤。

2. 修河

位于省内西北部，源出江西省修水县，流域面积 14700 平方公里，占全省面积 8.8%，为鄱阳湖区流域面积的 9.1%。流域呈东西长，南北狭的长方形，东西平均长 176 公里，南北平均宽 84 公里。地势西北高，东南低。河长大于 30 公里的干、支流有 28 条，主要支流有：东津水、山口水、碧田河、潦水、百葛水、黄沙水、罗溪水等。东津水源出铜鼓县大沩山，主河长 140 公里，流域面积 1121 平方公里。山口水义称武宁水，源出铜鼓县大沩山东麓血树坳，主河长 134 公里，流域面积 1780 平方公里。碧田河有东西两支，主河位为西支，源出武宁县路口高尖山西南山坡；东支，

<修河

　源出瑞昌、武宁两县交界的洪家坡，两支合于紫鹿岭，西支河长38公里。紫鹿岭以下至巾口河口，河长14公里，流域面积450平方公里。

　　潦水上游有南潦河和北潦河，两河在安义县汇合后称潦水，流域面积4330平方公里。潦水在万家埠以下分东、西两支，东支已堵，西支在涂家埠以上和修河主流汇合后入鄱阳湖。百葛水源出九龙山下，河长62公里，流域面积475平方公里。黄沙水源出修水县九岭山主峰五梅山北麓，主河长66公里，流域面积500平方公里。罗溪水源出武宁县南端九岭山北侧，主河长64公里，流域面积326平方公里。

四、鄱阳湖

　　鄱阳湖位于长江中、下游交界处，江西北部，湖泊范围南起三阳，北至湖口，西到吴城，东抵波阳，南北长170公里，东西宽74公里，岸线长达1800公里，面积为3150平方公里，是我国第一大淡水湖。江西境内的赣江、抚河、信江、饶河、修河五大河流全部总汇于鄱阳湖，烟波浩淼，水域辽阔的鄱阳湖宛若一只巨大的宝葫芦系在万里长江的腰带上。6 世纪末 7 世纪初，因水域扩展到鄱阳（今波阳）县境内，故名"鄱阳湖"，并沿袭至今。

鄱阳湖流域面积 16.2 万平方千米，占长江流域面积的 9.0%，占江西全省面积的 97.0%。鄱阳湖是一个季节性的浅淡水湖，有"高水是湖，低水是河"、"洪水一片、枯水一线"的独特景观。汛期"五河"河水入湖，湖水漫滩，湖面扩大，碧波荡漾，茫茫无际；冬、春季节，湖水落槽，湖面变小。鄱阳湖湖盆自东向西，由南向北倾斜，湖区地貌由水道、洲滩、岛屿、内湖、港汊组成。湖中岛屿景色秀丽，且富有美丽的传说，对发展旅游业有重要价值。

鄱阳湖区属亚热带湿润季风型气候，气候温和，雨量充沛，年平均气温 16.5℃—17.8℃，平均年降水量为 1570 毫米，非常适宜动植物的生长和工农业的生产。

鄱阳湖洲岛星布，港湾纵横生物资源特别丰富，尤其是鸟类繁多，达310 种，占全国鸟类的 25%，其中属于国家一级保护的有白鹤、白头鹤、大鸨、白鹳、黑鹳等 10 种，二级保护的 44 种。白鹤越冬种群数量近十年来都在2000 只以上，占世界总数的 90% 以上，因此鄱阳湖又被称为"白鹤王国"、"候鸟天堂"。

"候鸟天堂"鄱阳湖 >

鄱阳湖是我国著名的湿地，1992年鄱阳湖国家级自然保护区被列入国际重要湿地名录。鄱阳湖湿地，即鄱阳湖高低水位消落区及其邻近浅水区，包括水域、洲滩、岛屿等面积共3130平方千米，占鄱阳湖总面积的80%，具有生物多样性特别丰富和开发潜力大等特色。

经过多年的治理开发，尤其是控湖工程、退田还湖工程、候鸟保护区建设工程等保护建设工程的实施，鄱阳湖焕发着新的生机，敞开怀抱，迎接着四方的宾朋。

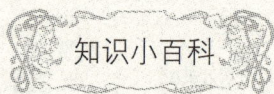

知识小百科

鄱阳湖国家湿地公园

鄱阳湖湿地是亚洲最大的湿地，是50余种国家一、二级保护鸟类栖息繁衍地，是极其重要的生物基因库。鄱阳湖国家湿地公园，规划总面积达362平方公里，总体布局主要划分为：一城、七区、两廊。一城，即鄱阳湖文化水城；七区，即汉池湖水禽栖息地保护与保育区、白沙洲自然湿地展示区、珠湖水源湿地保护保育区、青山湖人工湿地综合利用示范区、鄱阳湖文化水城管理服务区等；两廊，即白沙洲景观大堤至长江防洪大堤的绿色廊道和县城、上头湖、青山湖、珠湖之间的蓝色廊道。

＜鄱阳湖国家湿地公园

第四节　鄱阳湖生态经济区

　　鄱阳湖生态经济区又称环鄱阳湖生态经济区，是以江西鄱阳湖为核心，以鄱阳湖城市圈为依托，以保护生态、发展经济为重要战略构想的生态经济示范区和低碳经济发展先行区。国务院已于 2009 年 12 月 12 日正式批复《鄱阳湖生态经济区划》，标志着建设鄱阳湖生态经济区正式上升为国家战略。这也是新中国成立以来江西省第一个纳入为国家战略的区域性发展规划，是江西发展史上的重大里程碑，对实现江西崛起新跨越具有重大而深远的意义。

　　生态经济区位于江西省北部，包括南昌、景德镇、鹰潭以及九江、新余、上饶等 38 个县（市、区）和鄱阳湖全部湖体在内，国土面积为 5.12 万平方公里，占江西全省面积的 30%，人口占江西省的 50%，经济总量占江西省的 60%。该区域是我国重要的生态功能保护区，是世界自然基金会划定的全球重要生态区，承担着调洪蓄水、调节气候、降解污染等多种生态功能。鄱阳湖生态经济区还是长江三角洲、珠江三角洲、海峡西岸经济区等重要经济板块的直接腹地，是中部地区正在加速形成的增长极之一，具有发展生态经济、促进生态与经济协调发展的良好条件。

　　鄱阳湖生态经济区的发展目标是，建设成为全国大湖流域综合开发的示范区、长江中下游水生态安全的保障区、中部地区崛起的重要带动区以及国际生态经济合作的重要平台。为此，有关部门采取严厉措施保护生态环境，如：治理水污染、制止非法采矿、建立自然保护区和森林公园推进节能降耗减排工程，以期促进新型工业、生态农业和现代服务业的繁荣发展。

朝气蓬勃、充满活力的鄱阳湖生态经济区正以促进生态和经济协调发展为主线，以体制创新和科技进步为动力，不断转变发展方式，创新发展途径，加快发展步伐，朝着全国生态文明与经济社会发展协调统一、人与自然和谐相处的生态经济示范区阔步前进。

第二章

物华天宝——丰饶的物产

独特的地质和气候赐予了江西丰饶的物产，尤其以有色金属为代表的储量丰富的矿产资源，为江西乃至中国的现代化建设立下汗马功劳。得天独厚的植物资源，独具特色的动物资源，丰富了江西的生物多样性，造就了美丽江西。而且，这些上天的丰厚恩赐在勤劳智慧的江西人民手中成为一件件驰名中外的土特产品，成为美丽江西的最好名片。

∧ 婺源茶园

第一节　储量丰富的矿产资源

江西作为环西太平洋成矿带的组成部分，其地质构造复杂，成矿条件优越，矿产资源丰富。是我国主要的有色、稀有、稀土矿产基地之一。在目前世界上已知的150多种矿产中，江西就有140多种，其中探明工业储量的89种；矿产地700余处，其中大型矿床80余处，中型矿床100余处。

在江西已探明的89种矿产储量中，居全国前五位的有33种。其中，居第一位的有铜、钨、钽、铯、铊、铷等，居第二位的有稀土、硒、碲、铷、锂等，居第三位的有磷钇矿、铋、铍、岩盐、蛇纹岩等，居第四位的有钼、铌、萤石等，居第五位的有锡、锆、玻璃用白云岩等。特别是铜、钨、铀钍、钽铌和稀土被誉为江西的"五朵金花"。其他还有不少金属、非金属矿产也在全国占有重要地位。

铜是江西矿产的代表性资源，储量占全国总储量的五分之一，工业储量占全国储量的三分之一，为我国重要的铜生产基地。全国18个大型铜矿区，江西就占了5个。江西铜矿储量大，埋藏浅，易采易选，开采时能同时回收多种伴生矿产，使一矿变多矿，经济效益十分显著。目前江西已建成亚洲最大的铜矿和全国最大的铜冶炼基地。钨被誉为中华国宝。江西素有"钨都"之称，黑钨储量在全国占第一位，矿床分布以赣南为最多。该类型矿床易采易选，并伴生有锡、钼、铋、铜、铍、铌、钽和稀土等多种矿产。江西钽铌资源十分丰富，居全国首位，且储量集中，主要分布在赣中和赣东南地区。以宜春储量最大，易于开采，主要为纳长石化、锂云母化、岩岗岩型钽矿矿床。江西稀土资源丰富，拥有世界罕见的花岗岩风化壳离子

<中国最大的铜矿——德兴铜矿

吸附型矿床，具有易开采、易提取、放射性低的优点，且品种齐全，特别是重稀土的储量很大，其中钇族稀土探明储量占全国第一位。矿床主要分布在赣州地区。江西的能源矿产中以铀著称。铀矿储量占全国的三分之一。乐安721铀矿是全国最大的铀矿田，是中国核工业最重要的原料基地。

黑色金属类除铁矿储量可观外，尚有大型锰矿产地，质量优良；赣北地区钒矿规模大，资源前景好。此外，江西还发现有特大型银矿、特大型铅锌矿以及中型以上金矿铅锌矿、锑矿等，有色金属矿产资源开发前景十分广阔。

知识小百科

工业维生素——稀土

稀土不是土，是指元素周期表中原子序数为57到71的15种镧系元素氧化物，以及钪和钇共17种元素的氧化物。因为人们常把不溶于水的固体氧化物称为土，稀土一般是以氧化物状态分离出来的，虽然在地球上储量非常巨大，但冶炼提纯难度较大，显得较为稀少，故得名稀土。稀土元素在军事、石油、化工、冶金、纺织、陶瓷、玻璃、永磁材料等领域中都得到了广泛的应用，随着科技的进步和应用技术的不断突破，稀土氧化物的价值将越来越大。

江西的非金属矿产有 70 余种，大中型矿床 20 多处。其中瓷土、熔剂灰岩等量大质优。还有粉石英、硅灰石、膨润土、滑石、花岗石、大理石、珍珠岩等多种矿产，其中赣西粉石英矿面积大、储量丰、埋藏浅、矿体裸露，非常适宜于工业规模的露天开采。

第二节 得天独厚的植物资源

江西植物资源丰富，按用途可分为用材、木本粮食、薪炭、野果、饲料、芳香、药用、鞣料、纤维、观赏、环境保护、油脂等十二大类。有种子植物 4250 余种，蕨类植物 470 余种，苔藓植物 100 余种。在 500 种大型真菌中，有标本依据的就有 300 余种，有可食用菌 100 多种。植物系统演化中各个阶段的代表植物江西均有分布，同时发现不少原始性状的古老植物。这些丰富的植物资源充分表明，包括江西省在内的中国亚热带地区是近代植物区系的起源中心之一。

由于得天独厚的水热条件，许多特有植物在江西省有分布。在全国 198 个特有植物属中有 64 属是木本植物，其中江西就占有 19 属，其中 11 属为单种属。江西有珍稀树种 150 种，其中属我国特有的约 110 种。其中像井冈杜鹃、背绒杜鹃、江西山柳、江西槭、美毛含笑、柳叶腊梅、井冈绣线梅、寻乌藤竹、厚皮毛竹等 16 种属江西特有。另外有许多种类在江西已濒临灭绝的边缘，像冷杉、连香树、白豆杉、野生杜仲、木莲等，在江西都已成为凤毛麟角，分别仅存数株。江西境内尚有不少古木大树，如庐山"三宝树"、东林寺"六朝松"以及树龄逾千年的"植物三元老"之一的古银杏也保留有数十处。据不完全统计，全省保留下来的古木大树有近 40 种，

<江西乐安古樟树群

分属 13 科 29 属，分布点达 95 处之多。特别是古樟树，为江西一大特色。现存 500 年树龄以上的古樟树有 30 余处，300 年以上的古樟几乎每村都有。江西旧称豫章，即因遍布樟树而得名，因此，樟树也是江西的"省树"。

江西有代表性的植被类型为亚热带常绿阔叶林、针叶林、针阔叶混合林、常绿与落叶阔叶混合林和落叶阔叶林，山顶矮林以及竹林也不在少数。主要分布于鄱阳湖滨湖地区以及赣江冲积平原的四周丘陵和山前地带。

江西的果品种类很多，其中最受人喜爱的是产于南丰县的蜜桔。南丰蜜桔是我国十大柑桔优良品种之一，也是江西柑桔中的珍品，已有 1300

知识小百科

江西省树——香樟

樟树，常绿乔木，初夏开花，花小，黄绿色，核果小球形，紫黑色。广布于中国长江以南各地。植物全体均有樟脑香气，可提制樟脑和提取樟油，木材坚硬美观，是制作家具、箱子的上好材料。樟树存活期长，可以生长为成百上千年的参天古木，又有很强的吸烟滞尘、涵养水源、固土防沙和美化环境的能力，所以又多为绿化树、行道树。因全株散发樟树的特有清香气息，故在民间多称其为香樟。在某些地区，樟树甚至和神鬼相联系，故在民间一般多不砍伐生长已久的樟树。

多年的栽种历史。南丰县四周群山环抱，入冬后气温比周围地区高，自然条件优越，非常适宜蜜桔的生长。

第三节 独具特色的动物资源

　　江西水域面积广阔，山地峻峭延绵，植被覆盖率较高，生态环境较为优越，特别是近年来环保措施的不断加强，丰富的动物资源日益得到有效保护。目前，江西有脊椎动物611种，其中兽类55种，两栖类40种，爬行类74种，鸟类271种，鱼类171种。其中，鸟类和鱼类的种类繁多，分别占全国的23%和21%，经济价值较大，成为开发利用和资源保护的重点。

　　水生环境动物中鱼类较多，其中鄱阳湖就有140余种，占全省81%以上。1962年捕捞量达5063万斤，是捕捞年产量最高年。鄱阳湖种类最多的为鲤科鱼类，共计70多种，占鄱阳湖主要经济鱼类约55%，其中鲤鱼、鲫鱼几乎占整个鄱阳湖鱼产量的一半。水禽及涉禽以雁形目、雀形目等鸟

鄱阳湖的渔民 >

<彭泽县桃红岭野生梅花鹿保护区

类为主。除少数为留鸟外，主要是候鸟。冬季鄱阳湖形成许多小湖和沼泽，盛产草根，鱼虾、水生昆虫等软体动物，是候鸟的丰盛饲料，因而使鄱阳湖成为世界有名的候鸟越冬地之一。水生哺乳动物中常可见的是江豚（江猪），一般系由长江游入。软体动物中，鄱阳湖拥有近60种，经济价值最高的是三角帆蚌和绉纹冠蚌，均可用以培育珍珠。

山地丘陵生境动物有毛皮兽、鸟类、爬行类动物。其中毛皮兽有50多种，数量较大的有黄鼬（黄鼠狼）、麂等。数量尚多、经济价值较大的还有小麂、豹猫、鼬獾等。鸟类有270多种，主要种类有白鹇、竹鸡、红嘴相思鸟、画眉、鹌鹑、八哥、暗绿绣眼鸟等。爬行类动物74种，其中蛇类55种。蛇类中毒蛇15种，两栖类有肥螈、东方蝾螈等。

在江西的珍贵稀有动物中，属于国家一类保护的有白鹤、白头鹤、黄腹角雉、白鹳、黑鹳、白鳍豚、扬子鳄、华南虎、梅花鹿等。属国家二类保护的有猕猴、短尾猴、穿山甲、金猫、云豹、黑熊、毛冠鹿、水鹿、小天鹅、鸳鸯、白颈长尾雉、大鲵等。属国家三类保护的有大灵猫、小灵猫、獐、鬣羚、斑羚、白鹇、大鸨、棘胸蛙、蟒蛇等。

另外，为了保护动物资源，江西先后建立了庐山自然保护区、井冈山自然保护区、鄱阳湖候鸟自然保护区和彭泽县桃红岭野生梅花鹿保护区。其中，鄱阳湖候鸟自然保护区还被列为国家级自然保护区。

华南虎

华南虎，又称中国虎、厦门虎，是中国特有和历史最悠久的虎种，可以说是所有老虎的鼻祖。头圆，耳短，四肢粗大有力，尾较长，胸腹部杂有较多的乳白色，全身橙黄色并布满黑色横纹。生活在中国中南部的森林山地中，好独居，不成群，喜在夜间活动。在亚种老虎中体型较小的华南虎是中国十大濒危动物之一，目前几乎在野外灭绝，仅在各地动物园、繁殖基地里人工饲养着100余只。

第四节　驰名中外的土特产品

一、景德镇瓷器

景德镇古称新平、昌南，宋代真宗景德年间在此置镇遣官造瓷器充贡品，命瓷工书"景德"纪年于器，从此改名为景德镇。

景德镇早在2000多年前的汉代就开始生产陶器，到唐朝初期已能烧造瓷器了，当时制造的瓷器，"质薄色素"，有"假玉器"之称。两宋时期是景德镇瓷业发展时期，特别是北宋景德年间烧制的青白瓷，其釉细薄晶莹，白中泛青，清新淡雅，被视为珍品。元朝在景德镇专门设立"浮梁瓷局"，这在当时是全国惟一的瓷局。景德镇在元代创烧了青花和釉里红两种釉下彩绘瓷器以及蓝釉、红釉等新瓷品种，结束了我国瓷器以单色釉

< 景德镇瓷器

为主的局面，把瓷器的装饰推进到向瓷彩花的新时代，在我国瓷器发展史上占有重要的地位。明清时期是景德镇瓷业繁荣兴盛时期，景德镇又设立御窑厂，置官督造精美瓷器以供皇室御用，景德镇成为全国的制瓷中心。明代的景德镇青花已达到了登峰造极的水平，各种颜色釉的制作也有极大成就，如创烧了青花斗彩，烧制了鲜红、孔雀绿、鳝鱼黄等名贵色釉。清代时，已创烧出名扬天下的青花玲珑瓷。在釉上彩方面，创造了色彩强烈、形象夸张的"古彩"以及粉彩、珐琅彩等，色釉方面更是绚丽多彩，异彩纷呈。五光十色的颜色釉瓷，镂刻精美的雕塑瓷，精致名贵的珐琅彩瓷等，标志着我国制瓷技艺进入了百花齐放、争奇斗艳的新阶段。

新中国成立后，古镇得到了新生，景德镇传统名瓷所具有的"白如玉、明如镜、薄如纸、声如磬"的特点，又得到了更好的发展。今天，景德镇瓷器中著称的有青花、粉彩、颜色釉、青花玲珑等四大传统名瓷，质量更有了提高。被誉为"瓷国明珠"的色白花青、幽靓雅致的釉下彩绘的青花瓷，在传统基础上又提高一步，青花梧桐餐具是青花瓷的代表性产品，具有中国民族传统和艺术特色，以数十件至172件配套组成。青花玲珑瓷造型精巧细腻，光洁透明，色彩清新，不褪色，在工艺上，碧绿透明的玲珑和淡雅青翠的青花巧妙地融合在一起，被国外称为"嵌玻璃"瓷器。享有"人造宝石"誉称的颜色釉瓷，色泽缤纷，晶莹夺目。素有"至精至美的

景德镇湖田古窑遗址

　　湖田窑是我国宋、元两代各大制瓷规模最大、延续烧造时间最长、生产的瓷器最精美的古代窑场。遗址保存的遗物非常丰富，历代古窑遍地，700年的制瓷历史给湖田留下了大量的古窑、古作坊遗迹，如"葫芦窑"、"马蹄窑"等，在该遗址上建立起来的湖田古窑址陈列馆，展示了在这里出土的各种窑具和瓷器。这些古迹使湖田成为我国重要文物保护单位，同时，不断出土的古迹也成了国内外陶瓷考古爱好者的乐园。1982年，湖田古瓷窑遗址被国务院列为第二批全国重点文物保护单位。

东方艺术"之美誉的粉彩瓷，造型品种繁多，色彩华丽晶莹，纹饰精美艳丽。此外还有色泽缤纷、晶莹悦目、美观大方、独具风格的陈设瓷、仿古瓷、旅游瓷、国家礼品瓷等等。

　　目前，景德镇每年烧造的亿万件精瓷，除去供应国内市场外，还畅销于世界五大洲 90 多个国家和地区，正为国际文化交流做出新的贡献。

二、宁州红茶与婺源绿茶

　　江西是我国的古茶区，茶叶生产历史悠久，品种繁多。宁州红茶、婺源绿茶为其中具有代表性的两类名茶。

　　宁州红茶，简称宁红，因江西修水古时称宁州而得名。宁红茶主要产于江西西北部的修水、武宁、铜鼓三县，这一区域称为宁红区，区内群山起伏，林木葱郁，土壤、气候均适宜种茶。修水县是宁红茶的主要产地，产量占整个宁红区的 80%。修水的漫江乡就是宁红茶的发祥地。宁红茶的

<宁红茶

生产最早可追溯到后唐时期，历史悠久。清光绪年间，来华游历的俄国太子盛赞修水的红茶，并赠予匾额"茶盖中华，价高天下"，故而宁红茶又名太子茶。从此，宁红茶更是名扬四海，远销海外。

　　婺源绿茶，简称婺绿，是我国绿茶中的珍品，以色碧天然、香味浓郁，叶清厚润的特点驰名中外。婺绿的主要产地婺源县为怀玉山脉和黄

<婺源绿茶

绿茶

　　绿茶，又称不发酵茶，是以茶树新梢为原料，经杀青、揉捻、干燥等典型工艺过程制成的茶叶。其干茶色泽和冲泡后的茶汤、叶底以绿色为主调，故名绿茶。因绿茶是未经发酵制成的茶，因此较多的保留了鲜叶的天然物质，含有诸多营养成分，对防衰老、防癌、抗癌、杀菌、消炎等具有特殊效果，是其他茶类所不及的。绿茶是我国饮用最为广泛，产量最多的一种茶，年产量在 10 万吨左右，位居全国六大初制茶之首。且生产绿茶的范围极为广泛，江南各省及黄河流域均有生产。

山山脉所环抱，地势高峻，峰峦耸立，山清水秀，土壤肥沃，气候温和，雨量充沛，终年云雾缭绕，最适宜栽培茶树，婺源县现有茶园 15.2 万亩，年产量 8 万担。婺源绿茶的生产历史始于 1200 年前的唐朝，明清两代被列为贡品，并御赐金牌。每年清明后，以新采摘的一芽二叶为原料，经过 280℃—300℃ 的高温杀青、小桶快速揉捻、低温长炒、分段干燥、分筛梗、风选、拼配等复杂工序精制而成。婺源绿茶品种繁多，质量上乘，其中茗眉和奇峰是婺绿中的珍品，清朝乾隆年间就远销国外，也是我国绿茶出口的上品。

三、泰和乌鸡

　　乌鸡是中国特有的药用珍禽，以江西泰和所产乌骨鸡最为正宗，泰和乌鸡又称乌骨鸡、白绒乌骨鸡，因乾隆年间作为贡品进贡，被乾隆视为奇品，并赐名"武山鸡"。

< 泰和乌鸡

　　泰和乌鸡外形逸丽，具有凤冠、绿耳、双缨、五爪、胡须、白丝毛、毛脚、乌皮、乌肉、乌骨十大特征，号称"十全十美"，具有很高的观赏价值。1915年，泰和鸡曾作为我国的名贵鸡种参加巴拿马万园博览会，博得世界各国人士的好评，一举夺得金牌，被定为"国际观赏鸡"。

　　泰和鸡的养殖历史有400多年，饲养方法同一般家鸡差不多，泰和鸡的成年鸡对环境适应性和觅食能力都较强，患病较少。由于该鸡的形成与泰和县水土中特有的丰富微量元素密不可分，异地引种三代之内必然褪化，所以，泰和乌鸡是世界上独一无二的乌鸡品种。

　　泰和鸡含有丰富的蛋白质，含铁、铜也较多，并且有解毒作用。鸡肉中的黑色素和黑色胶体物质最多，药用价值也最高。泰和鸡蛋胆固醇含量比一般鸡蛋低，高血压患者食之比较理想；鸡肾对剧烈性头痛、产后头痛、眩晕症、哮喘、肾炎等均有奇效。

泰和乌鸡的传说

关于泰和乌鸡的由来，在泰和当地流传着一个神奇而美丽的传说——泰和乌鸡是白凤仙子的化身。世传当年吕洞宾等八仙云游至武山，看到这里一派祥和景象，便乘兴登临武山，饮酒论道，赏景赋诗，八仙相约500年后的重阳节再游武山。但500年后，当他们故地重游时，这里瘟疫流行，民不聊生。吕洞宾遂与诸仙商定，择武山武叠峰北岩开坛炼丹，以济苍生。经过七七四十九天的修炼，丹药炼成，正待出炉，忽然天昏地暗，妖风大作，仙丹危在旦夕。八仙一面合力与妖魔斗法，一面急向王母娘娘求援。王母娘娘速派身边的侍女——两位白凤仙子携带瑶池琼浆玉液置于炼丹炉中，八仙顿时功力大增，将妖魔降除。两位仙女却被妖风卷入炼丹池，忍受烈焰锻炼，皮肉、内脏、骨头俱被烧得焦黑。丹药出炉后，两位仙女化成一对白凤乌鸡。为防止妖魔再次兴风作浪，白凤仙子留在人间，为百姓祛病驱邪，造福天下。后被世人誉为"神鸟"，这就是泰和乌鸡。

四、南丰蜜桔

南丰蜜桔是江西的名贵特产，历史上就以皮薄肉嫩、果色金黄、风味浓甜、芳香扑鼻而闻名中外，被誉为"桔中之王"。

南丰蜜桔栽种历史悠久，早在秦汉时期便有相当规模的栽种。唐宋八大家之一的曾巩，曾写诗赞美家乡柑桔，而当时的蜜桔已能献给天子，故南丰蜜桔又有"贡桔"的美名。南丰蜜桔栽培历史悠久，品种繁多，有大果、水果、桂花蒂、早熟、短枝、无核等品系。每个品系各具独特的风味。

南丰蜜桔不仅味道甜美，而且营养丰富，含有柠檬酸、维生素 C、糖、氨基酸和磷、铁、钙等多种元素。南丰蜜桔也是重要的中药材。桔皮有理

<南丰蜜桔

气健脾、燥湿化痰的作用。桔络有通络化痰、顺气活血的作用，能治疗咳嗽、胸肋闷痛等疾病。桔核能理气、散结、止痛，还可以治疗疝气等病。桔叶有疏肝解郁、破气散结的功能。桔皮提炼的橙皮甙，能防治动脉硬化、心肌梗塞、流血不止、微血管脆弱等多种疾病。

南丰蜜桔还是重要的工业原料。它可以酿酒、酿醋，具有特殊的香味。桔皮和桔花提炼的香精是稀有的化工原料，广泛地应用于食品工业、化学工业和医药工业，桔皮提炼的果胶，是制造果酱、果冻及糖果的重要原料。

五、李渡毛笔

进贤县李渡镇是我国南方著名的"毛笔之乡"，相传有 1700 多年的历史。李渡毛笔素以制作精湛、刚柔相济、书写自如、经久耐用等特点驰名中外。

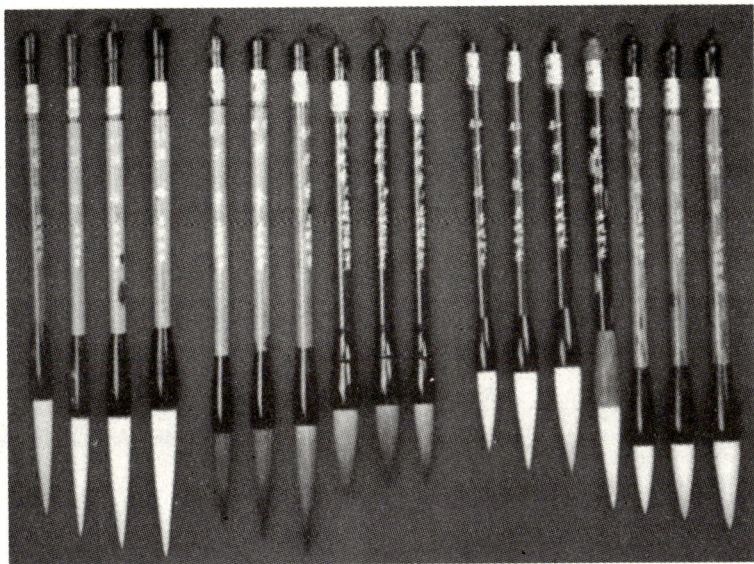

李渡毛笔 >

　　李渡毛笔取材于狼尾、马尾、獾毛、羊毛、鸡毛、兔皮和蓉麻等，麻毛混杂，相辅相成。它不但笔头似笋，腰扣如鼓，毫光毛齐，锋口有颖，而且写起字来不开叉、不掉毛，坚固耐用，得心应手，因而深受历代文人学者的喜爱和赞赏。我国晋代著名的书法艺术家王羲之在任临川内史时，所用的毛笔就是李渡毛笔。据说，他特别赞赏李渡出产的一种号称"纯净鼠须"的毛笔。

　　李渡毛笔累经历代艺人千锤百炼，精益求精，质量不断提高。其选材精密，搭配均匀，吸墨饱满，称心应手，品种繁多，式样新颖。论装潢，有黑、白、花、炕4管；论品类，有狼、紫、鸡、羊、兼5毫；论笔锋，可辨红、绿、黄、白、青、蓝、紫7色，一直畅销在国内外市场上。

　　新中国成立以后，李渡毛笔得到更加蓬勃的发展，广大制笔工人刻苦钻研技术，努力改进工艺，使毛笔产量和品种不断增加，质量显著提高。70年代初期，李渡毛笔出口量已达到50多万支，深受日本、新加坡、菲律宾等东南亚各国人民的欢迎。

六、婺源龙尾砚

龙尾砚,石坚质润,色碧声淳,因产于婺源龙尾山而得名,迄今已有1100多年的历史。

相传在唐开元年间,有猎人叶氏,见叠石如城垒状,莹洁可爱,便带回家里,粗形成砚,津润大过端溪所产的端砚。后因南唐中主李璟、后主李煜推崇此砚,从此便兴盛于世。宋代大诗人苏东坡专门写有一首《龙尾砚歌》,盛赞龙尾砚。书法家黄庭坚曾特地至龙尾山取砚,并作"砚山行"一诗,使得龙尾砚更是名噪一时。

龙尾砚品种繁多,选料精致,有金星、银星、金晕、银晕十多个品种,上乘之品为青黑色、绿色、紫色、白色。

龙尾砚具有表面光洁、细腻如玉、柔坚适度、发墨细快、涩不滞笔、滑不拒墨等特点。砚形也别致多样,有的形如桃,有的酷如琴、钟等。砚

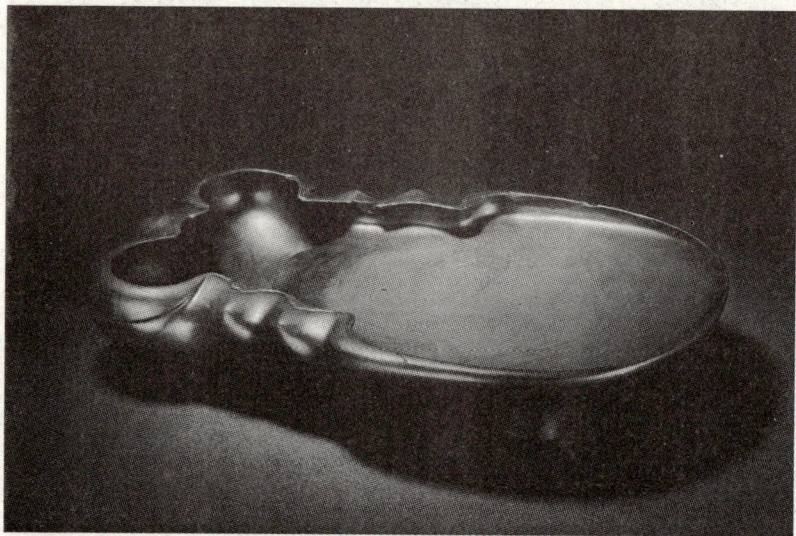

< 龙尾砚

台中的水池则是天池、月池、荷叶池、灵芝池，图案有秋声、浴牛、飞节、听雨80多种。

　　婺源龙尾砚从古至今是文人雅士案头之珍品。如今在推陈出新的基础上，产品质量更是日上高楼，远销日本、东南亚、北欧等地。

七、萍乡花果

　　萍乡花果具有悠久的历史，相传早在几百年前，当地民间许多家庭就喜爱将各类干鲜蔬菜瓜果腌制成各种佐菜食品，花果是其中之一。

　　萍乡花果采用冬瓜、红薯、莲藕、扁豆、刀豆、豆角、萝卜、苹果、柚子等几十种蔬菜花果为原料，经过雕、刻、切、压、织等造型艺术，加工成美味可口的食品。它常年生产，四季供应。

萍乡花果 >

萍乡花果造型美观，种类繁多，仅雕花类就有"黄雀啄梅"、"莲生贵子"、"雄鸡报喜"、"蜜蜂采菊"、"双鱼戏水"、"花篮"、"单双桃"、"梅花"、"兔"、"蝴蝶"等；压花类有"喜鹊"、"蝴蝶"、"双桃"、"百兽"、"树叶"、"双南瓜"等品种；切花类有"扇"、"皮球"、"嫦娥奔月"等。

　　萍乡花果保持其原色、原形、原味，谓之"萍乡原色原形原味花果"。它的特点是色泽鲜艳、品味纯正、造型美观、花纹精致、营养丰富、储存方便。产品具有化痰、止咳、健脾、开胃等功效，是高糖类、多纤维的食品。萍乡花果为萍乡所独有的地方土特产，在国内国际享有极高的声誉。

第三章

悠久的江西历史

　　江西有着悠久的历史，从石器时代开始，生活在赣鄱大地上的先民们便以勤劳质朴创造了辉煌的历史文化。江西独特的自然环境经过秦汉、隋唐的开发，到宋元时期达到了经济社会的全盛时代。江西还有悠久的革命传统。辛亥革命中的易帜反袁、北伐战争中的国共合作、土地革命中的南昌起义、井冈山会师，都深深地刻上了江西的烙印，江西在中国的漫漫历史长河中写下了灿烂辉煌的浓重一笔。

∧ 黄洋界纪念碑

第一节　从"吴头楚尾"到江西名称的由来

一、江西文明的发端

据迄今为止的考古资料，江西境内发现的史前文化遗址有两处属于旧石器时代，一处是乐平县涌山岩遗址，另一处是安义县的樟灵岗等地。在那里，考古工作者发现了动物化石和打制的石片、石核等遗物。

进入新石器时代，江西境内有五六十处文化遗址。其中著名的有万年县仙人洞遗址和修水县山背文化遗址，出土的石器、陶器、骨器、蚌器等遗物显示，江西的古代文明在新石器时代有加速发展的势头。

到了商周时代，也就是青铜文化发展的鼎盛时期，江西地区的铜矿开

瑞昌县铜矿遗址 >

采、冶炼、铸造在全国占有重要的地位。至今为止，在江西境内已发现商代遗址 30 多处。其中瑞昌县铜矿遗址的发现，新干县大洋洲商代墓葬大批珍贵青铜器的出土，震惊了国内外学术界。

从出土的文物看，江西新石器晚期开始种植水稻，商代中期已出现犁耕，新干县大洋洲出土的工具、农具数量很多，有铜铲、铜镰、铜犁、铜锛、铜凿等。青铜农具的广泛使用，反映了江西古代农业的发达程度。出土文物中还有石器、乐器、兵器、用具等。不仅造型独特，图案优美，而且加工制作精细，具有明显的地方特色。表明在青铜时代，江西的文化已相当

知识小百科

乐平县涌山岩遗址

涌山岩洞遗址，位于乐平市北 33 公里涌山镇涌山村鸡公山山腰仙岩洞内。1962 米 11 月，考古工作者在当地首次发现古人类生存洞穴遗址，并进行了实地考察。涌山岩洞遗址洞口附近堆积物分四层，即：石钟乳层，厚约 20—30 厘米；角砾岩层，厚约 30—40 厘米，含有破碎的骨片；黄色沙质土层，出土较多的动物化石，与化石同时出土的还有 2 件人工打击痕迹的石英质的石片。在第三层中出土了多种动物化石和石英质石制品，其中一件人工痕迹清楚，初步断定为原始人使用的工具——打制石器，伴出的动物化石有豪猪、剑齿象、犀、水牛、羊、水鹿等。并首次发现了"大熊猫—剑齿象"动物群化石。经考古专家鉴定，涌山岩洞遗址发现的化石属华南中更新时期的动物化石，尤其是台面的两侧有二次打击的痕迹，说明是人工打击的。这说明早在旧石器时代，涌山古人类已懂得选取岩石，制作石器，用它作为武器或原始的生产工具，这是人和猿的根本区别所在。涌山岩洞遗址为旧石器时代中晚期洞穴遗址，距今约 50 万年。这一发现，为寻找原始人类及其文化遗物提供了线索。涌山岩洞遗址的发现，揭开了江西境内远古人类生活的序幕，其意义价值不可估量，谱写了赣鄱大地人类文明新篇章。

发达。以前学术界有一种看法，认为江西在古代是"荒蛮腹地"，处于不开化的野蛮之中。现在，根据考古资料证明，江西在青铜时代，并不落后于中原的发展水平。

二、从"吴头楚尾"到江西的由来

春秋后期至战国初期，江西地区出现了番、艾二邑，大致在赣东北和赣西北地区，当时两个邑属于吴国。至于江西中部和南部地区，大致属于楚国，所以有"吴头楚尾"之说。公元前221年，秦始皇统一中国后，把天下分为36郡，江西境内无郡治，大部分地区分属于九江郡、会稽郡、长沙郡。江西境内的县份大概有4—5个左右。

西汉初期在江西境内设置豫章郡。由于人口增加，农业生产区域扩大，县份逐渐增加到18个，东汉末，江西境内的县份增加到21个。三国时期，由于北方战乱，人口大量南迁，吴国国君孙权为了加强统治，在江西境内设置了57个县、6个郡，江西的行政区划初步确定。

唐代，江西境内有8个州、37个县。唐代设置的"江南西道"，简称"江西道"，"江西"二字的由来大概就源于此。宋代设置江南西路，简称江西路，辖区比现在的江西小一些。元代设置"江西等处行中书省"，简称"江西省"，这个称法一直沿用，明、清、民国及中华人民共和国未改变。江西县份的划分大致在明、清两代基本确定，明代后期江西县份已经发展到80个左右，和现在差不多，而且地域、位置、范围都基本确定，一直延续到今天。

江西境内由两个邑县发展到80多个县，大约经过了2700年左右，从这一点可以看出人类进步的足迹、国家发展的轨迹、生产发展的踪迹、社会进步的痕迹。

第二节　大汉雄风中的江西

一、汉高祖设立豫章郡

江西地处江南，商周以来，社会经济日益发展，尤其手工业和农业较为发达，但还未建立起一个市镇。秦始皇统一天下以后，江西大部分地区属九江郡。九江郡虽是与江西这块地方有关的第一个行政区划的名称，但它既不相当于今天的江西省，也不相当于今天的江西省的九江地区。刘邦建立汉朝以后，改九江郡为淮南国，江西全境又属于淮南国。

当刘邦与项羽在中原大战争夺天下的时候，两广一带有个叫赵陀的人，在南越即今南岭以南地区割据闹独立。刘邦战胜项羽后，虽然坐稳了天下，但还无力进攻南越，又怕赵陀进兵中原。于是，在汉高祖五年也就是公元前202年命令颍阴侯灌婴率兵进驻南昌，并设立豫章郡和南昌县，想以此为根据地，进而平定南越，以达到"昌大南疆"的目的，南昌由此得名。"豫章"二字的来历，也因为郡内有一条贯穿南北的豫章江，豫章江就是今天的赣江，到唐代时因避代宗讳，改称章江。豫章郡正式设立后，豫章就成为古代江西的通称，两汉时的豫章郡所辖范围，除现在的玉山、铅山、婺源三县的土地不在管辖范围之内，其他基本上相当于今天的江西省。

白口城址

白口城址位于江西省泰和县塘洲镇洲头村赣江南岸,是江西省目前发现保存最好、面积最大的汉晋时期城址。有考古学家认为白口城是汉庐陵县的县治及庐陵郡、西昌县(今泰和县)建置前期的郡、县治,是庐陵文化的发源地。考古发现,该城始筑于西汉,延用至东晋末年前后。白口城址总面积达 23 万平方米,形状呈倒梯形,分为内城和外城。外城长 1941 米,大部分保存完好。内城呈方形,位于城内北侧,长 861 米,面积 4.3 万平方米。现发现城门 10 处,其中内城西北门为"凹"形结构,似为"瓮城"。城墙为土筑,城外有护城河,由南往北流入赣江。白口城址保存较为完好,古城的布局、结构非常清晰。白口城址出土了数百件春秋战国至汉晋时期的文物。2006 年 5 月被国务院公布为第六批全国重点文物保护单位。

二、灌婴始筑豫章城

公元前 201 年,也就是西汉设立豫章郡的第二年,大将军灌婴开始在南昌筑城,建造了最早的南昌城,俗称灌婴城,也称灌城。为了建城,灌婴委派一个叫章文的人,总管城建事宜,历时两年筑成城墙。当时的豫章城在今南昌城的东南约 7.5 公里处。城四周筑土夯墙,郡城高大雄伟,周围计 5 公里 84 步,辟有 6 门。据说,当时豫章城内外栽种了许多樟树,城内有的大樟树高达 17 丈,枝叶扶疏,蔽荫数亩。

到了唐代,随着南方经济的发展,豫章城西移到今天的位置,直到 1927 年,南昌城墙已无实际用途,加上城区扩大,遂将城墙拆除。

豫章建郡筑城后,进一步密切了江西与中原地区的经济文化联系。当时的一些豫章太守等官吏多数是北方的贵族,他们带来了中原先进的生产

<南昌的灌婴雕塑

技术，从而促进了汉代江西经济的发展。有一位叫雷次宗的人在《豫章记》
中描述当时的经济状况："地方千里，水路四通，嘉蔬精稻擅味于八方；
金铁筱楺，资给于四境。"说明当时江西已经有赶上中原的趋势。据有关
史书记载，豫章建郡筑城后，农业发达，手工业以冶铁、纺织、铜器、陶器、
漆器、玉器为主，技术水平有了相当大的提高。

第三节　盛唐光辉下的江西

　　唐初改郡为州，到太宗贞观年间时，又改州为道，江西归属江南西道。
唐安史之乱以后的江南西道所辖范围基本上与今江西省境趋于一致。原不属
于汉代豫章郡的玉山、铅山都归属江南西道，只是婺源还不在其辖区范围之内。
　　自东晋王朝在南京建都后，大量黄河流域的人向南迁移，一时江西人
口激增，西汉时期，江西的县份只有 18 个，人口 35 万；东汉时期也只有
21 个县，人口 160 万。到东晋时期，江西境内县份扩大到 57 个，人口近

300 万。随着北方移民的到来，带来了大量的北方先进生产技术，南昌地区的经济水平逐步赶上中原地区，南昌也逐渐成为一个重要城市。以南昌为例，青瓷、漆器、纺织、铜器、金银饰品等工艺发展较大。

唐代青瓷器的烧制是南昌手工业生产的一项突出成就，常见的瓷器有罐、钵、碟、壶、盆、盂、碗、盘等。釉色有米黄色、青绿色、青灰色等，晶莹透亮。洪州窑是唐代全国八大名窑之一。漆器有木胎和夹绽胎两种。家庭纺织比以前有较大发展，养蚕、缫丝的技术水平大为提高，当时南昌地区蚕一年有四五熟，妇女也勤于纺织，有的晚上浣纱，到次日一早，即织成布，俗称鸡鸣布。

知识小百科

洪州窑

洪州窑，唐代六大青瓷名窑之一。窑址位于唐洪州（今江西南昌）一带，故称洪州窑。现已发现的窑址主要位于距南昌南郊 30 公里的江西丰城市，另外南昌县冈上乡也发现有窑址。洪州窑始于东汉晚期，终于五代。以烧青瓷为主，釉色一般较淡，青中泛黄；色调较深沉的发褐色。也有黄褐釉瓷，胎体加工不细，与陆羽《茶经》所述"洪州瓷褐"相符。另还有一种青绿釉瓷，色调较深，灰青明亮。洪州窑讲究装饰，多刻印朵花、图案形花叶，沿器物周壁对称排列。

唐代洪州窑青瓷 >

与此同时，南昌人口稠密，商业随之繁荣起来。当时江南与岭南通商要道开通，南昌成为重要的中继站，这对促进南昌的发展繁荣异常有利，从而又推动了江西的造船业、竹木业、军械制造业的发展。据史料记载，唐太宗李世民发兵与高句丽作战，命大臣在洪州（南昌）、饶州（波阳）、江州（九江）造浮海大船400余艘。竹木等更是江西的大宗商品，木材、竹子以及木竹制品源源运往北方。至于军械，南昌的弩业比较发达，两河节度使常调用江西的弓弩。此外，江西有不少盐商。著名诗人白居易在《盐商妇》中就有详细描绘。

第四节　宋朝的开发与繁荣

宋朝建立后不久便进行了统一全国的战争。974年，北宋灭南唐，江西地区从此处在了宋朝的统治之下。宋朝在行政建制上改"道"为"路"，并仍然在江西地区设有江南西路，但辖区范围比唐朝时的江南西道辖区要小得多。江南西路统辖洪、虔、吉、袁、抚、筠6州和兴国、南康、临江、建昌4军。其中兴国系属湖北省；江、饶、信3州和南康军则划入江南东路，这样，当时江西地区共有9州4军，下辖69县。在整个两宋期间，江西省的辖地虽然有一些短期的变动，但主要分属江南西路和江南东路。

宋朝时期的江西，在文化、经济等方面都进入了繁荣昌盛的阶段。在文坛上，出现了王安石、黄庭坚、晏殊、晏几道、欧阳修、曾巩、文天祥等一大批大家文坛巨擘和名家高手。

宋代，江西的农业进一步发展。江西滨湖地区水网密布，河汊纵横，当地人民主要种植水稻，龙骨水车和筒车已广泛使用。同时，当地人民还大修圩堤，筑有闸门，兴修水利，使农业稳定发展。尤其南宋时期，洪州是一个重要的粮食生产基地。当时，京师调运的供军队及朝廷用的漕米，来自江西的约占三分之一，也就是说，江西支撑了三分之一个南宋朝廷。江西成为粮食出口省份，一直延续到新中国成立后。

知识小百科

赣州城墙

赣州城墙位于中国江西省赣州市章贡区，主要建于宋、明两代，是中国现存最长、保存最完整的一处宋代城墙。赣州城墙始建于东晋永和五年（349 年），由南康郡太守高琰负责修建土城。五代后梁卢光稠扩建，增设五门。北宋熙宁年间（1068—1077 年）始用砖石修筑城墙，以后历代都曾予以修葺。中华人民共和国成立后，实测全长 6900 米，有镇南、西津、涌金、建春、百胜五门。1958 年拆除百胜门经镇南门至西津门的南段城墙。现存沿江的东西两段和朝天门、西津门、涌金门、建春门以及炮城、马面、弩台等军事设施，全长 3664 米。城墙内部为夯土，外用砖石包砌，宽在 6—8 米之间，高约 7 米。1990 年调查发现现存古城墙中有宋石墙 25.25 米、宋砖墙 19.80 米和养济院南宋砖墙基 41 米。城墙砖上有大量熙宁、绍兴以及元明清年号，为中国古城墙所罕见。1996 年被列为第四批全国重点文物保护单位。

赣州宋代古城墙 >

悠久的江西历史

第五节 朱元璋、陈友谅大战鄱阳湖

元朝是蒙古族建立的政权，后期由于残暴和腐化，它的军队也几乎丧失了战斗力。元朝末期，全国各地农民起义迅速发展，其中两支起义军主力朱元璋和陈友谅在鄱阳湖展开了一场决战，以争夺政权。

1360 年，陈友谅改国号为汉，建都于江州，也就是现在的九江。他为了扩张自己的势力，与控制着长江中下游的朱元璋起义军发生火并。此时，朱元璋在建康 (今南京) 正准备北伐攻击元大都，为避免腹背受敌，必先稳住江南根据地。1361 年，朱元璋攻破陈友谅的安庆水寨，占领江州，陈友谅退守武昌。为收复失地，陈友谅建造了大批高数丈、上下三层、每层都有马棚的战船。战船上置有镶铁的船橹几十副，船外油着红漆，极为壮观。陈友谅用这种巨型战船满载兵将、官吏、家属，号称 60 万大军，倾巢而出，于当年 4 月间大举进攻洪都城。

声势浩大的攻城战从 4 月到 6 月，将近 3 个月，朱元璋的部将朱文正、邓愈等分兵把守要处。陈友谅用尽各种办法，久攻不下。7 月，朱元璋命部将徐达、常遇春集中 20 万兵力，来解洪都之围。

陈友谅听说朱元璋前来解围，遂撤去洪都之围，率军东出鄱阳湖迎战。两军相遇于鄱阳湖的康郎山。陈友谅拥有巨船，朱元璋仅有小船，开战数日，朱元璋吃了败仗。尽管朱元璋亲自督战，杀了几个指挥官，也无济于事。后来，朱元璋改用火攻，才占了上风，烧毁了陈友谅的水寨和数百只船舰，连陈友谅的两个弟弟也被烧死了。接着，朱元璋采用"联舟大战"之法，利用陈军巨船难于活动的弱点，命多艘小船围绕大船旋转攻击，大获全胜。

陈友谅连遭打击，无力再战，遂率船突围。朱元璋率军追击，至九江口，陈友谅中冷箭身亡，陈部溃散。陈友谅的次子陈理收拾残军退回武昌。

鄱阳湖大战共进行了33天，朱元璋取得决定性胜利，为统一江南奠定了基础。次年，陈理投降朱元璋，陈友谅这支红巾军从此结束。朱元璋于至正二十四年即1364年自立为吴王，江南完全在朱元璋的控制之下，这为朱元璋击败元朝统治、建立明朝奠定了基础。

第六节　国民革命中的江西

一、湖口"二次革命"

辛亥革命胜利不久，袁世凯凭借北洋军队的势力和帝国主义的支持，窃取了中华民国临时大总统的职位，在北京建立了北洋军阀政权。当时，由同盟会领导的南方各省如广东、江西、福建、安徽等省大约有50万军队。这对于独裁专制的袁世凯来说，恰如芒刺在背。袁世凯为了解除心腹之患，以"裁减地方军队"为名，强令各地裁军。

江西都督李烈钧对此早有戒备，只将江西地方武装3个师1个旅的兵力减掉一些老弱病残人员，同时，拒绝北洋政府陆军接收湖口长江沿岸的炮台。袁世凯对此大伤脑筋，一方面搞"军民分治"的把戏进行牵制；另一方面派人拉拢收买李烈钧，遭到李烈钧的拒绝。于是，袁世凯决心以武力消灭南方各省势力。

1913 年 4 月，袁世凯为筹集军费，向英、法、俄、日五国银行团借款 2500 万英镑，并以中国的盐税和关税为担保。五国借款合同签订后，遇到全国各地的反对。孙中山力主武力讨袁，李烈钧表示坚决拥护。6 月 9 日，袁世凯借口李烈钧曾通电反对"善后大借款"，下令免除李烈钧的江西都督职务，并派兵进驻江西。

7 月 8 日，李烈钧从上海潜回江西，执行孙中山的决定，在江西首举义旗反袁。7 月 12 日，江西湖口成立讨袁军总司令部，李烈钧任讨袁军总

知识小百科

李烈钧小传

李烈钧（1882—1946），江西宁武人。青年时期便追随孙中山革命，辛亥革命爆发后，李烈钧被推任江西都督府参谋长、海陆军总司令，迫使北洋海军主要舰艇宣布起

义。李烈钧后率舰队西上迎击清军。1912 年中华民国成立，李烈钧被孙中山任命为江西都督。1912 年 8 月 25 日，孙中山在湖广会馆主持国民党成立大会，他出席并被推举为参议。

1913 年 7 月 12 日在江西湖口成立讨袁军总司令部，李烈钧就任总司令，揭开二次革命的战幕。8 月失败后，流亡日本。1917 年后任孙中山两次在广州所组政府的总参谋长。1927 年初被蒋介石任命为江西省政府主席，任南京国民政府常委兼军事委员会常委。西安事变后，被派为审判张学良的审判长。1946 年 2 月 20 日在重庆逝世，终年 64 岁。

< 李烈钧像

司令，并发布讨袁檄文。第二天，李烈钧所部林虎旅攻占湖口金鸡坡炮台，随后在瑞昌、德安之间击败袁军。初战告捷，一时士气大振。南方各省如广东、安徽等地均宣布独立，通电讨袁。

7月22日，袁世凯派京城拱卫军总司令官段芝贵率部"讨伐"江西，水陆两路齐进，镇压湖口起义军队。由于双方力量悬殊太大，起义军准备时间不足，仓促上阵，加上邻省援军按兵不动，部分军队又临阵投敌，战局异常不利。李烈钧部伤亡很大，至8月中旬，弹尽援绝，起义终于失败。李烈钧经湖南流亡日本。

湖南起义打响了武装反袁的第一枪，后来被称之为"二次革命"。现在，江西湖口县设有二次革命纪念馆。

二、北伐战争在江西

北伐战争是国共两党合作进行的一次革命战争，斗争的对象主要是北洋军阀吴佩孚、孙传芳、张作霖。这些北洋军队派系林立，矛盾重重，平时扰民扰政，深为地方不满。北伐战争中，湖北、湖南战场主要消灭了吴佩孚的主力，江西战场主要消灭了孙传芳的主力部队。

孙传芳的部队原是从北洋军阀直系中分化出来的一支。当时统治江西的北洋军队首脑是邓如琢，他掌管北洋军的兵力约3万余人。

1926年9月1日，北伐军总司令部下达攻击令，北伐军由第一、二、三、六、七共5个军约5万余人从湖南、广东分几路向江西进发。孙传芳也组织了6个方面军约10万军队应战。北伐军由于思想坚定，内部协调，士气高昂，所以打起仗来以一当十，很快便重创邓如琢第一师。

与此同时，北伐军另一部向赣南攻击，9月4日占领赣州。驻湖北的北伐军第六军越过幕阜山进入赣北，19日，攻占了南昌城。面对北伐军的节节推进，孙传芳调来精锐，组织 1 万人反扑。由于第六军孤军深入，抵挡不住北洋军的反扑，被迫放弃南昌。此后，北伐军继续向赣中吉安推进，9 月 24 日攻占吉安，然后溯江而上，向吉水、新干、樟树、丰城推进。北洋军邓如琢部连连失败，最后江西总司令邓如琢被迫引咎辞职，孙传芳亲自到江西来指挥作战。

1926 年 10 月初，北伐军第二次围攻南昌。南昌城内外一片火海，硝烟弥漫，古今闻名的滕王阁就在这次大火中被烧掉了。居住城内的美国、英国侨民出面调停，北伐军为了减少南昌城内人民的损失，同意停止攻击，在南昌、新建县休整，并趁机扫清南昌东南外围之敌。

消灭孙传芳主力的战斗，于 1926 年 11 月 2 日在南昌铁路沿线展开。联军总司令孙传芳见势不妙，拔腿先跑。南昌城内的北洋军成了瓮中之鳖。守敌不战自乱，1 万多人全部被俘。江西全境肃清，结束了北洋军阀在江西长达 13 年的统治。

第七节　红色烽火遍江西

一、南昌起义震惊中外

1927 年 7 月，中共中央决定发动一次武装起义，反对国民党蒋介石的反动统治。7 月下旬，周恩来受中共中央的委托，来到南昌会见担任警备司令、公安局长的朱德，他们一起分析南昌敌情，研究并部署了南昌武装起义的计划。7月27日，起义总指挥部在南昌成立，周恩来任书记，贺龙任起义军总指挥，叶挺任起义军前敌总指挥，朱德、刘伯承、李立三、恽代英、彭湃等均在起义中担任重要职务。

　　1927年8月1日凌晨2时，具有伟大历史意义的南昌起义爆发了。贺龙、

知识小百科

八一南昌起义纪念馆

　　八一南昌起义纪念馆位于南昌市八一南昌起义总指挥部旧址内。旧址原是江西大旅行社，建成1924年，是一座灰色五层大楼。现在，旧址门首悬挂着陈毅手书的"南昌八一起义纪念馆"鎏金横匾，大楼的二、三层已辟为4个陈列室和一个题词纪念室，以大量的历史文献资料、图表、照片、文物以及参加南昌起义的老同志题词，生动地再现了南昌起义的光辉历史篇章。还按原貌恢复了曾经举行过领导会议的喜庆礼堂，周恩来工作过的25号房间，林伯渠的办公室兼卧室的20号房间，军事参谋团的办公地点9号房间，部分起义领导人住过的10号房间，以及在一楼天井两侧的警卫连和卫生处的部分住房。此外，三楼的展厅还陈列了一组周恩来生平的照片。

　　1961年经国务院批准，南昌起义总指挥部旧址列为全国重点文物保护单位。为全国爱国主义教育示范基地。

南昌起义纪念馆雕塑 >

刘伯承冒着呼啸的子弹，指挥部队攻打敌军指挥部，叶挺则指挥部队攻打敌二十四师驻地。经过4个多小时的激战，战斗宣告胜利，歼敌1万多名。

起义胜利后，即成立了新的政权机关——南昌革命委员会，整编了军队，并发表了宣言和政纲。后来，由于敌军重重围困，起义部队被迫放弃南昌，退向广东。起义部队中的一部分后来随朱德上了井冈山，成为革命斗争的中坚力量。

南昌起义是中国共产党独立领导武装斗争的开始，也是中国共产党创建人民军队的开始，8月1日后来成为中国人民解放军的诞生日，八一建军节即来源于此。

二、井冈山会师

井冈山革命根据地居罗霄山脉中段，包括江西的井冈山、宁冈、永新、遂川、莲花5县以及湖南的荣陵、酃县，总面积1.3万多平方公里，人口90余万。这里土地肥沃，盛产粮食，有一定的给养能力，但由于交通闭塞，远离都市，因此是当时国民党统治集团鞭长莫及的地方。

1927年10月，毛泽东领导湘东、赣西秋收起义部队，果断地放弃攻打城市的计划，适时地把工农红军带上了井冈山。1928年2月，毛泽东成功地改造了当地的两股地方武装——王佐、袁文才两部。当年4月，朱德、陈毅率领南昌起义保存下来的部队到达井冈山，和毛泽东的部队会合，成立了中国工农革命军第四军，又称红四军，朱德任军长，毛泽东任党代表。两军会师，壮大了革命武装力量，开创了边界斗争的新局面。

不久，红四军又召开了边界党的第一次代表大会，成立了湘赣边界特委，毛泽东任书记。边界特委领导全体军民开展了一系列巩固根据地的工作与斗争：更新分配土地，制订了中国革命的第一个土地大纲——井冈山土地法，整顿了党的组织，调整了各县红色政权领导，开展各项经济斗争，粉碎敌人的经济封锁。在这里，毛泽东写下了《中国的红色政权为什么能够存在？》、《井冈山的斗争》两篇著作，系统地总结了根据地创建一年多的经验，提出"工农武装割据"的思想。

1929年1月，红四军离开井冈山开赴赣南，敌人趁机分三路"会剿"根据地。1月26日，以湘军为首的敌军正式向井冈山五大哨口发起猛攻，守卫井冈山的红五军在彭德怀军长的指挥下，沉着应战，多次击退敌军冲锋。2月，红军撤离井冈山，在瑞金与毛泽东、朱德领导的红四军会合。

1929年5月，红五军再次重返井冈山，收复井冈山革命根据地，重

知识小百科

井冈山革命根据地

井冈山革命根据地是土地革命战争时期，中国共产党创建的第一个农村革命根据地。1927年10月，毛泽东率领经"三湾改编"后的秋收起义的部队到达井冈山，先后在宁冈、永新、茶陵等县恢复和建立党的组织，发展武装力量，开展游击战争，建立红色政权，在此情况下，建立了党领导下的第一个农村革命根据地。井冈山革命根据地，点燃了工农武装割据的星星之火，开辟了中国革命的成功道路，成为中国革命不断走向胜利的光辉起点。在中国革命史上，井冈山赢得了"中国革命摇篮"的美誉。

红色革命摇篮——井冈山 >

新制订游击工作大纲，划分了新的游击区，安排党的各项工作，井冈山革命根据地的斗争又进入一个新的时期。

井冈山革命根据地是毛泽东和他的战友朱德、陈毅、彭德怀等开创的中国共产党领导的第一个农村根据地，在这里，积累了许多对中国革命有指导意义的宝贵经验，这对促进中国革命的最后胜利起着巨大的作用，所以，井冈山被称为"中国革命的摇篮"。

三、中华苏维埃共和国在江西诞生

1929 年下半年到 1930 年上半年，中国革命出现了未曾有过的高涨。当时的中共中央领导认为，有必要成立中华苏维埃共和国临时中央政府，来统一中国革命的指挥。

1931 年 9 月，第三次反"围剿"结束后不久，毛泽东、朱德到达瑞金，此时，赣南、闽西革命根据地已联成一片，成为拥有 250 万人口、5 万平方公里土地、近 5 万名红军的全国最大的根据地。因此，中共中央决定召开中华苏维埃第一次全国代表大会。1931 年 11 月 5 日，大会在瑞金召开，来自中央革命根据地和湘赣、湘鄂赣、赣东北、湘鄂西、琼崖等地的代表 610

< 中华苏维埃共和国临时中央政府旧址

我爱江西

人与会，毛泽东在会上作了政治报告。会议通过了《中华苏维埃共和国宪法大纲》，选举毛泽东、周恩来、朱德等64人为中央执行委员，毛泽东为中华苏维埃共和同临时中央政府主席，中华苏维埃共和国宣告成立。

当时的中华苏维埃共和国包括5个省：江西省、福建省、闽赣省、粤赣省、赣南省，近60个县。临时中央政府在领导革命战争、扩大红军、武装民众、保障供给等方面取得了巨大的成绩。

中华苏维埃共和国临时中央政府的成立，是中国共产党领导与管理国家的成功尝试，许多参与管理临时中央政府的优秀干部在瑞金这块土地上学会了治国安民之道，他们后来成为新中国杰出的组织者与领导者。

四、艰苦卓绝的游击岁月

1934年10月，第五次反"围剿"失败，中共中央决定主力红军突围长征，同时在江西瑞金成立中共中央分局。由项英、陈毅、毛泽覃等为领导，留在当地继续坚持游击战争，以牵制敌方兵力，掩护主力突围。出于敌军的重重围困，中央苏区根据地不断缩小，项英、陈毅被迫将红军分散突围，在赣南山区坚持游击战争。1935年3月间，项英、陈毅化装后到达江西大余的油山。油山成为南方三年游击战争的中心。

这段时间，游击队多次遭到强大敌军的袭击、战士们出生入死，英勇作战。深山密林里粮食极度缺乏，战士们即使搞到一点粮食，也不能生火煮，因为一冒烟，就会引起敌人的警觉。敌人抓不到人，又不敢贸然深入山林，就放火烧山。一次，陈毅等被敌人围在一座山上，山下敌人趁着大风，放起火来烧山。陈毅等人只得伏在草丛中，眼见大火就要烧到身边了，忽然来了一阵大雨，把火浇灭了。陈毅感慨而又风趣地说："这真是马克思主义在天之灵保佑我们啊。"

在三年的游击岁月里，国民党不断组织军团到赣南山区"清剿"项英、陈毅的游击队，白天放警犬追踪，夜晚利用探照灯搜索，并悬赏捉拿项英、陈毅等人。游击队则想方设法与敌人周旋，敌进我退，敌驻我扰，一直坚持到抗日战争爆发。

1937 年 7 月 17 日，中共代表周恩来与国民党代表蒋介石在江西庐山会谈合作抗日事宜，从此赣南游击战士们有了转机。当年 8 月，项英、陈毅以红军游击队的名义发表抗日宣言，随后，下山与国民党谈判，合作抗日局面形成。1938 年 1 月 6 日，新四军军部在南昌成立，江西各游击区的游击队均编入新四军。4 月 4 日，新四军军部从南昌迁入皖南，江西的苏维埃运动也至此结束。

知识小百科

上饶集中营

上饶集中营位于江西省上饶市城区南部，是国民政府在 1941 年 1 月至 1942 年 6 月间囚禁政治犯的集中营（监狱）。"皖南事变"之后，为囚禁被扣的新四军军长叶挺和被俘的排以上干部，国民政府在上饶城南修建了上饶集中营，分布于茅家岭、周田、李村、七峰岩、石底等地。集中营内关押的还有部分在东南各省抓捕的共产党员和其他政治犯，共 760 余人。在一年半的时间里，共有 150 多人在上饶集中营遇难。现在茅家岭建有上饶集中营烈士陵园、上饶集中营革命烈士纪念碑、革命烈士纪念馆等。1988 年 1 月，上饶集中营旧址被批准为全国重点文物保护单位。

< 上饶集中营烈士陵园

第四章

深厚的文化底蕴
多彩的民俗风情

　　生活在江西这片充满活力的热土上，智慧的江西人民一直用勤劳的双手建设着美好的家园。他们把对美好生活的企盼贯穿到日常生活的方方面面，创造出了丰富多彩的美丽画卷。他们用欢快的曲艺表达对生活的热爱；他们用优美的线条描绘生活的美好；他们用精致的菜肴享受自然的恩赐。勤劳智慧的江西人创造了多彩的民俗风情，留下了无尽的生活赞歌。

∧民间灯彩"茶篮灯"

第一节　地方戏曲、曲艺

江西是戏剧之邦，历经数百年兴衰之后，形成了两套风格独特的戏剧体系：一是较为正式的传统戏剧——四大声腔及其后裔江西大班，包括东河戏、宜黄戏、宁河戏、抚河戏等支派，演绎的大多是历史故事。二是民间小戏体系，主要是由茶歌、灯歌等民间歌舞发展而来的江西采茶戏的系列。根据这些小戏分布流传区域、各地方言和民歌基础的不同，共有15个主要支派。因为贴近人们的日常生活，这些小戏都带有浓郁的乡土气息，成为覆盖面最广的江西戏剧。仅就传统戏剧而言，江西的戏剧以四大声腔及其变腔为主，经过几百年的兴替，发展出具有本地风格和特色的赣剧、东河戏、宜黄戏、盱河戏、西河戏、宁河戏、抚河戏、古安戏等几大支派。

一、弋阳腔和赣剧

弋阳腔也叫弋腔，又称高腔，是我国地方戏中著名四大声腔系统之一。元末明初，在江西省弋阳县形成而得名。

地处江西东部的弋阳县是江西与浙江、安徽、福建联系的交通要道，文人往来以及各类文化戏曲交流频繁。南戏在江西东北部地区受到方言、民俗以及龙虎山道教、目连戏的影响，逐渐形成了弋阳腔戏曲。

后来弋阳腔流传于其他各省，经过组合演变，拥有一批丰富的演出剧

目，在全国影响很大，成为当时的两大地方剧种之一。

弋阳腔主要表演特色是动作大、身段严谨、场面热闹，具有浓厚的乡土气息，适合民间演出。弋阳腔自元末明初形成后直到清代，弋阳班社民间演出十分活跃。到清朝末年，逐渐消失。

赣剧就是在明代弋阳腔的基础上，吸收了昆曲和乱弹诸腔形成的兼唱高腔、昆曲和乱弹等腔的剧种，流传至今已有 500 多年的历史。1950 年获得了正式定名，其特点为"美、秀、娇、甜"。演唱时往往高亢激越，通常分饶河、广信两派。饶河戏流行于原饶州府所辖的波阳、余干、浮梁、德兴等地，艺术风格比较古朴粗犷；广信班流行于广信府的上饶、玉山、铅山、弋阳、贵溪等地，风格相对婉转流利。

在明代，赣剧是专唱弋阳腔的剧种。清初以后，原来上演的连台本戏大都失传，道光年间，赣剧弋阳腔的大多数戏班已无法独立成班了。这时，乱弹诸腔兴起，赣东北地区的一些戏班开始转唱高腔以外的其他声腔，赣剧开始朝一个综合高、昆、乱三腔的剧种转变。这种对其他声腔的吸收使赣剧成为极具地方特色的多声腔剧种。

在音乐上，赣剧继承了南北曲的传统，并根据地方特点给予了改造，比如有用弋阳的方言来唱南戏形成的新腔、采用干唱和帮腔的形式的"高腔"等等。演出剧目主要是对历史故事和神话传说的改编。剧目上，赣剧

赣剧剧照 >

有弋阳、青阳、乱弹三类。

因为长期在赣东北的广大农村和城镇中演出，赣剧表现出古朴厚实、亲切逼真的地方特色，其表演夸张强烈、凝练细致，深受民众的喜爱。

二、赣南采茶戏

赣南采茶戏是江西地方戏曲之一，是由赣南民间口头文学和民间音乐舞蹈相结合而形成的地方戏曲，主要由安远、于都、赣县、信丰、石城等地的茶歌、马灯、龙灯、摆字灯等民间歌舞与粤东采茶灯结合发展而成，江西赣南安远的九龙茶乡是采茶戏的发源地之一。

赣南自古盛产名茶，采茶歌和采茶灯活动非常流行，明代中后期逐渐发展为"三脚班"演茶灯戏。明万历年间，粤东采茶灯传入赣南，与安远九龙山茶区的民间灯彩相结合，演变成了具有简单情节和人物的采茶小戏，名为《姐妹摘茶》，后经改造并加入纸扇做道具，创作了《卖茶》、《板凳龙》等剧目。至此，采茶灯遂演变成了赣南采茶戏。

赣南采茶戏的话白现在使用赣州方言，内容多是反映赣南农村劳动人

　　　　　　　　　深厚的文化底蕴　多彩的民俗风情

<赣南采茶戏剧照

民的生产和生活状况，具有鲜明的地方色彩和浓郁的生活气息。它以喜剧、闹剧为主，风格幽默诙谐、轻松活泼、热烈欢快，音乐主要采用唢呐加锣鼓伴奏的灯戏音乐和用"勾筒"（胡琴）主奏的采茶音乐，曲调有灯腔、茶腔、路调、彩调四种，演技以扇子花和矮子步最具特色。作曲家田汉观看后曾赞誉："赣南采茶戏是百花园中的一朵奇葩！"赣南采茶戏自产生后，迅速发展，并分三支向外传播，一支沿贡江而下，经赣南各县进入吉安地区，然后又向赣西、湘中流动；另一支沿武夷山区，流传到闽西、闽北和赣东；第三支由粤东和粤北而进入两广地区。很快，采茶戏成为江西省影响较大的一种地方戏曲。

赣南采茶戏自1954年进城后，由几个"三脚班"发展成16个正规采茶剧团，艺术上也进入蓬勃发展时期，改编了一批优秀传统剧目，创作了一批新剧目，多次参加全省、全国汇演并获奖。其中，《茶童戏主》、《风雨姐妹花》、《怎么谈不拢》被搬上银幕；《莲妹子》被搬上电视屏幕；《采茶歌》和《花灯仙子》应文化部邀请曾进京汇报演出，获好评。而以赣南采茶戏传统音乐润色加工的歌曲则流传更广，如大型音乐舞蹈史诗《东方红》里的"送郎当红军"、"八月桂花遍地开"、"十送红军"，电影《闪闪的红星》里的"小小竹排江中流"、"映山红"等等。

我爱江西

80

三、宁都道情

宁都道情原名"故文",又称"渔鼓"、"鼓子曲",是一种民间说唱曲艺艺术形式。相传其始于宋代,盛于明末清初,其流行地域为宁都、广昌、石城、瑞金、于都、兴国、永丰一带。

宁都道情的从艺人员主要为盲艺人,其表演形式主要为坐唱。表演时,艺人左手持渔鼓,中指戴一金属圈敲击筒身,右手拍打鼓面以伴说唱。所唱曲调多为徵调式,节奏多变而灵活,有引子、曲头、叙板、过街溜、步步紧、连珠炮、尾子等腔调。唱词一般以 7 字为句。

宁都道情以说唱长篇韵文式的民间传说、故事见长。这些故事内容大都为历史的,情节曲折,宣扬惩恶扬善,感情丰富、强烈,催人泪下。由于使用方言,外地人难以听懂。道情艺人一般没有脚本,盲人们在听来的历史传说的基础上,添枝加叶,扩张篇幅,通过集体加工、再创作,形成了一系列传统曲目,大约有 300 多个,现常演唱的有《銮刀记》、《孟姜女》等等。新中国成立后涌现了许多新曲目,其中有《翻身记》、《龙王辞职》、

宁都道情 >

深厚的文化底蕴　多彩的民俗风情

《雷锋》、《焦裕禄》、《老红军办学》、《冬子送盐》、《梅园翠柏》等曲目在民间流传甚广。

四、赣南灯艺

摆字灯是赣州的一种龙灯玩耍形式，以变换队形和摆出文字为特征。过去玩摆字灯的人可以身穿长衫玩，农村人因而称之为"读书人玩的灯"。摆字灯可以摆出"天下太平"、"国泰民安"、"五谷丰登"等吉祥字样。摆字灯造型别致，情趣高雅，深受城乡人民喜爱。跳蚤灯又名篓子灯。龙身分为头、身、尾共5节，玩耍时每人手执一节，短小精悍。跳蚤灯共有9种牌子（花样动作），即四门、结球、磨盘、分跳、牌楼、盖花、编篱笆、抢跳、抢泡等。动作以舀沟水贯穿始终，每节龙身紧随龙头跳跃，特别是龙尾悠悠忽忽，充满情趣。通盘龙灯表演时活似几只跳蚤，故称跳蚤灯。

跳蚤灯在赣州非常普及，几乎各乡镇较大的农庄村坊都有。另外，有一种和跳蚤灯非常相似的龙灯，每节做成鲤鱼状或虾么状，被称为鲤鱼灯或虾么灯。

< 赣南灯艺

我爱江西

82

抢泡灯也是赣州的一种龙灯玩耍形式，以该市木栏井谢氏族人玩得最为出色。据传，谢氏远在宋朝就开始有玩耍抢泡灯的传统。此灯包括龙头和龙尾共 7 节，又名长龙。抢泡灯流传至今，有 7 种牌子，即编花、打结头、结宝塔、咬腰子、结牌坊、抢泡、编篱笆。抢泡灯玩耍时主要通过龙头引领，龙身来回穿插变换队形，衬托出龙头与龙尾的"泡"（即龙球），并以抢泡动作贯穿始终，故称抢泡灯。抢泡灯玩耍时龙头精神振奋，队形富有变化，气氛热烈。

第二节　民间美术

江西民间美术历史悠久，其源头追溯至 5 万多年前的人类蒙昧时期。江西民间美术表现出与民间工艺紧密结合的特点。通过对形形色色的手工艺品的装点修饰，体现了地方民间美术的风格与魅力。根据使用的材料质地及表现方法的不同，江西民间美术大致可分为陶瓷美术、剪纸艺术、刺绣工艺几大类。

一、陶瓷美术

陶瓷美术主要包括器物画、瓷板画、瓷雕和刻瓷等内容。指的是在瓷器上进行的彩绘加工，即在瓷器的坯胎上用经过特殊处理制成的颜料（含天然矿物质）进行着色，在初步烧制成形的器物上描绘各色图案，最后经过高温或低温的烧制过程，达到器画合一的效果，这种作画技巧又俗称为

<景德镇瓷板画

"画红"、"加彩"、"彩绘"。江西景德镇的四大传统名窑之中,有三种主要依赖的就是瓷器彩绘技术。

瓷板画是在已烧好的瓷板上绘制各色人物、走兽、山水风光和传统吉祥图案,再经过低温烧制即可成画,通常作为家庭摆设来装饰床、屏风等等。初创时的瓷板画多为黑白的,后经画师不断改进后绘制的彩色肖像瓷板画,色彩丰富,层次清新,人工画像甚至达到了摄影照片的效果,所以又被称为"瓷像艺术的精华"。瓷雕即雕塑瓷,是指瓷泥在经过圆雕、浮雕、捏雕、镂雕等多种雕塑手法处理后烧制而成的形象瓷器制品。

二、剪纸

在江西瑞昌,剪纸是一项传统文化活动,当地的民间剪纸艺人队伍庞大,仅登记在册的就达 2000 余人。作品阴剪细刻,以镂空的细线与小圈点相结合,具有很高的传统艺术价值,小巧生动,淳朴凝重,线条流畅,形象逼真。国家文化部特别授予瑞昌"中国剪纸之乡"的称号。

春节期间,人们不但忙于各项传统庆祝活动,而且也是民间剪纸艺术应用最多的时候。喜庆扎彩、环境美化和新衣的装饰等大部分都依靠剪纸

我爱江西

瑞昌剪纸 >

艺术来完成。在喜庆扎彩、环境美化方面有剪纸对联、剪纸门神、剪纸门帘、福字、春字、喜字、寿字、八卦等。在服装、鞋帽装饰方面，老人以寿字纹样为主，如双凤朝阳、五福捧寿等；用于妇女装饰的纹样以花鸟、虫鱼为主，如芙蓉象征幸福，蝶戏金瓜表示"瓜瓞连绵"，鸳鸯戏水、蜜蜂采菊，象征着美满的爱情等。儿童的帽子、涎兜、包裙等装饰，以吉祥动物为主，如狮、虎、象等纹样。民间以为虎纹可以避邪，所以在剪纸的表现手法上往往追求粗犷有力。窗花多半用牡丹象征富贵；喜鹊、梅花表示"喜上眉梢"。

在宗教活动方面，瑞昌剪纸不但与菩萨"百花帐"有关系，瑞昌的各路神灵、灶神、门神、天花娘娘直到土地公、土地婆等也都是剪纸艺术爱好者的题材。不但善神、福神如此，即便是恶神与瘟神也是如此。同时每次祭祀活动也是一次重大的剪纸艺术活动，如放河灯，送瘟神，送灾星。

　　　　　　　　　　深厚的文化底蕴　多彩的民俗风情

无论从场地的布置还是各种祭祀活动的设计，从纸船、纸马等到各种面目狰狞的瘟神、鬼卒，无不以剪纸的形式来展示，绚丽多彩的形式和巧夺天工的技巧显示了瑞昌绝妙的剪纸艺术。

知识小百科

瑞昌民间剪纸艺术家——朱朴光

朱朴光，1956 年 12 月出生，瑞昌市下畈镇城门村上朱（古时叫朱家墩）人，他从小就喜欢画画，19 岁高中毕业后，开始潜下心来画画，并在民间剪纸艺人的影响下，逐步爱上了剪纸。1982 年，朱朴光精心创作的年画《猪多肥多，肥多粮多》得到文化馆馆长冯隆梅的充分肯定，并收其为徒弟，朱朴光真正走上了剪纸艺术之路。

朱朴光是江西省非物质文化遗产项目瑞昌剪纸的传承人，也是江西省首届首批民间艺术家。其主要代表作有《水浒 108 将》、《红楼梦》、《仕女图》、《玉兔迎春》、《好日子》等。

三、刺绣

江西民间刺绣与剪纸工艺有异曲同工之妙。大部分刺绣都是以花样剪纸作为底样进行绣制的，但剪纸在色彩方面的表现力相对弱一些，通常都是单色的，而刺绣可通过各种颜色丝线的搭配使用，形成对比强烈的彩色画面，绣出的人物、动物、花卉等图案因此而显得丰满鲜活。

江西绣品种类繁多，主要有鞋、帽、衣、裤、腰围、抱裙、荷包、台布、椅披、帐帘、枕顶、钱包、香包、鞋垫等等。绣品上的刺绣图案随着使用对象的变化而变化，很有讲究。用于结婚的图案有鸳鸯戏荷、莲生贵

江西民间刺绣 >

子、观音送子、龙凤呈祥等。

彩线绣、布贴绣、十字绣是江西民间刺绣常见的形式，其绣制针法多样，有长针、短针、浮针、锁针等。尤其是十字绣，针脚细密均匀，绣品美观耐用，朴实大方，所以女孩子既拿它来学刺绣，也用它做定情信物。

第三节　民间习俗

一、节庆习俗

1. 新春傩舞

傩舞，又叫"傩"、"大傩"、"跳傩"，也有称作"鬼戏"或"跳鬼脸"的。江西是傩舞最为流行的一个省区。尤其是南丰县，至今仍盛行傩舞。每逢春节，从农历正月初一起，十天左右，傩舞班流动到各村各堡，

　　　　　　　　　　　深厚的文化底蕴　多彩的民俗风情

连场演出，热闹异常。每个傩舞班大都有十六七人，多的二十五六人，无论在禾场空坪，还是舞台厅堂，用一条长凳、三根竹杆，支起帷帐，便成场面。演出时，锣鼓铿锵，唢呐高奏，有些还伴以竹笛、二胡。演员身穿彩衣，头扎布巾，面戴木雕面具，手持道具，翩翩起舞。其形式多样，有独舞、双人舞、群舞、小舞剧。内容丰富多彩，均取材于神话故事、民间传说以及《西厢记》、《封神演义》等戏剧小说。每场演出时间一般约两小时左右，也有长达三四小时的。

南丰傩舞，相传起源于宋代，历史悠久。南丰傩舞有文傩和武傩之分。它融合了武术和戏剧的身段、动作。音乐方面也吸收了民间吹打、丝弦、戏曲等演奏方法和曲牌。文傩场面变化复杂，表演细致严谨，生活气息浓厚，舞姿优美动人，有以情传真的《水漫金山》、诙谐风趣的《打蚌壳》、情趣洋溢的《刘海戏蟾》等。武傩气势威武磅礴，情绪奔放开朗，节奏热烈明快，动作刚劲有力，有沙场鏖战的《破洪州》、轻快短打的《闹天宫》、豪迈持重的《对刀》等。

< 南丰傩舞

傩舞面具，以木纹细嫩、质坚最轻的杨树为上好材料，着重于图案式脸谱。每个面具根据人物性格、年龄、身份以及特定环境中的表现而精心设计，雕刻精湛，可以成为独立的雕塑艺术。

2. 春节灯彩

江西灯彩种类繁多，约有四五百种，可分为观赏灯、表演灯、祭祀灯三个大类，其中仅表演灯就有200多种。观赏灯除传统的彩龙灯、莲花灯、花盆灯、花篮灯、金橘灯、南瓜灯、凤凰灯、跑马灯以及各种动物灯外，还有江西特有的瓷灯，其代表是景德镇的瓷器皮灯。江西灯彩的表演风格既吸收了南北灯彩的艺术风格，又有本地历代传承下来的独特遗风。

江西灯彩所表现的内容也十分广泛，有神话传说、历史英雄、戏剧人物、生活习俗、生产劳动、游戏娱乐等等各方面。

在江西大多数地区，每年的正月初七或初八开始"起灯"，举行一年一度最大的迎灯盛会。这期间，主要是以表演性灯彩活动为主，到处吹吹打打，好不热闹。耍灯人走家串巷，拜年送吉，灯彩队无论走到谁家，大家都争放鞭炮，点香燃烛，灯彩队的领队者也忙向户主唱起贺词，以祝吉利。农家待灯彩队进屋后，连忙将早已准备好的点心拿出来，招待舞灯人，而且还送上红包、香、烛，希望灯队能在家中多舞一会儿，以求得平安富贵，吉事连连。

江西灯彩 >

　　　　　　　　　　深厚的文化底蕴　多彩的民俗风情

吉安灯彩

吉安灯彩是广泛流行并富有群众性的一种自娱性的表演形式，它是农村每年元宵节的传统活动节目，也是民间"闹元宵"的主要娱乐活动，至今仍以其地方特色和乡土气息熠熠闪光。吉安灯彩遍布城镇乡村，尤以吉水、万安、遂川、泰和、青原、吉安等县区为盛，在源源流长的赣文化中占有十分重要的地位。吉安灯彩一是与民间节日、祭祀活动紧密相关，蕴含着浓郁的民俗色彩；二是表现了强悍不屈、奋发向上的庐陵先贤遗风和精神；三是讲究整体造型美，制作上力求精巧，融竹艺、剪纸、彩绘和光源于一体；四是选用了极富地方色彩的伴奏（唱）音乐。吉安灯彩主要分为灯舞和龙舞两部分，是江西省非物质文化遗产保护的重点项目。

3. 高安的龙舟赛

端午节划龙舟，是中华民族传统的民间娱乐活动。江西各地每逢端午节都举行划龙舟比赛，各地的形式不尽相同，以赣西高安县的龙舟赛最为特殊。高安的龙舟队多次参加过全国的龙舟比赛，成绩均名列前茅，甚至还参加了北京国际龙舟赛，荣获女子组全部两项冠军。

高安打制龙舟时，要请打制龙舟的木匠举行祭祀仪式。待新龙舟做好后，须将龙舟顺转过来，再用红、黄、蓝、白、黑5种颜色叠成的五彩布分别钉在龙舟头的两边，捉一只大公鸡割开鸡喉，对准龙舟的中心主梁点鸡血，俗称"祭梁"。祭梁之后，木匠须唱彩词"一进船头生百福，二进船头状元红"等吉利语。等吉利话唱完，东家须付给唱彩词的木匠一个红包，以谢他的良好祝愿。

高安的龙舟有四种规格：大号、二号、三号、小号。无论大小龙舟，其正前方有一半圆形的兽面挡板，一般刻成狮子头像，俗称为"吞口"，另外再给龙舟装上用樟木雕制的龙头，龙头和"吞口"上都刻有"王"字。

高安龙舟赛 >

龙舟全用杉木制成，按规格分成9、11、12、13舱，龙舟尾成尖状而高高翘起，另还有插着画有花纹的条形木板。

　　高安县按传统的习俗规定，制好的龙舟和参赛完的龙舟由各庙会或龙王会管理，每年从农历四月开始，划龙舟的参赛者所在的"龙王会"便会抬着木雕的"龙王爷"到邻里募捐，募捐回来后要将"龙王爷"放置在祠堂中，由抬龙王的人依次朝"龙王爷"烧香叩拜。各村所募捐的钱和谷物留待端午日龙舟赛时用。

　　每年五月初一，参赛龙舟下水训练。按习俗，龙舟下水前要设坛举祭方可开始划动。高安县的龙舟赛场设在锦江，每年五月初五，方圆几十里的人们早早云集在锦江两岸。开赛时，锣鼓喧天，百舸争流，场面十分壮观。两岸则是喊声震天，掌声雷动，为参赛人助威。

二、婚嫁习俗

1.南城婚俗
江西的婚嫁习俗因地域而不同，其中以抚州南城较为特殊。

男女议婚时，须先请媒人将双方庚帖交换查算，彼此如不犯冲，再问

　　　　　　　　　　　深厚的文化底蕴　多彩的民俗风情

对方姓名。此程序谓之"过允帖"，也叫"过小书"。"过允帖"之后，男方须"过定"，又叫"过匣"，即先备小礼纳亲，然后选择吉日迎亲。

女子临嫁时梳婚妆，谓之"上头"。在迎亲前两日，男方将彩礼送至女方家中，谓之"起嫁"。与此同时，女方也须送妆奁，叫"迎嫁妆"。这些程序均由男女双方亲属履行，新郎和新娘均不露面。婚期的前一天，男方家中须放置满堂新烛，鼓乐齐鸣，谓之"迎花轿"。

女方出嫁之日，新娘坐于堂前，父母一旁相伴，叫"试妆"，并在其脸上涂抹脂粉之类，说是可避邪。妆毕，将青帕或绣帕盖脸，盖脸之帕叫"羞巾"，意思为遮挡羞颜，然后穿戴凤冠，但是寡妇再嫁时不能戴花头。

上花轿时，得换新鞋，在娘家所穿旧鞋须留下来，免得带走娘家财气。待花轿到男方家后，新郎得先避别室，花轿抬至堂前，待过两个时辰后新娘才能出轿。此礼叫"坐落性"。然后以毛毯铺地，由两名子女双全的妇女挽着新娘拜天地、祖先。然后入洞房，坐在床沿上，叫"坐床"。到这时，新郎在两名童男童女执双红烛的陪同之下，与新娘相见，然后合卺，合卺之时须请夫妇双全和子孙众多者坐在床上唱赞词，叫"若福"，再举酒给新郎新娘共饮，叫"交杯"。待这些礼仪完成后，新郎新娘到堂前交拜，请姑姑或姑婆取下花头，揭羞布，然后新郎新娘用茶果招待众亲朋，谓为"拜茶"。如果没有姑姑、姑婆，则新郎自行取花头，揭羞布，再入洞房，司仪再唱赞词并以红枣、瓜子撒到床上，叫"撒帐"。

新婚三日之后，女家给新娘送"三朝果"。满一月后，女家还须送用大米做成的"满月丸"，然后新婚夫妇择日归女方家，叫"回门"。回门时女方父母须送给女婿礼品或红包，女婿也须给岳父母送礼，谓之"拜钱"。

2. 宜春迎亲习俗

宜春地区上高县有一个独具特色的、古老的迎亲习俗，迎亲时车头上都贴有一个"肃"字。这个肃字没有出头，不成完全的"肃"字。车到女方家后，女方有人用毛笔在这红纸写的"肃"字头上添上一笔，成为完整的"肃"字。

赣南客家婚俗 >

　　此俗源起于宜春慈化附近。传说有一人家娶亲，欢天喜地将新娘迎入花轿，吹吹打打抬到男家。花轿一停，众人喜气洋洋掀开轿帘准备请新娘下轿拜堂时，谁知新娘无踪无影，大家四处寻找，还是没有下落，后请占卜先生一算，才知道花轿在经一座野岭途中，被山鬼运用魔法将新娘弄去做夫人了。从此以后，这一带人们提心吊胆，到处请法师来设法避驱山鬼，以安一乡太平。

　　宜春慈化有一个寺庙，叫慈化寺，慈化寺里有个姓余名印肃的主持，听说此事后便对乡亲们说，今后无论哪家娶亲嫁女，只需在轿子顶端贴上一个"肃"字，便可保太平无事，并一一告之人们如何将"肃"书写、有什么咒语等。

　　"肃"写完后贴在轿顶端才可出发。在写这个"肃"字时，中间的一竖不能出头，要待轿子到女方家门口时，由女方请当地文才饱学之士，当场在"肃"字头上添上一笔，让它最后完成为一个完整的"肃"字。添写完后，新娘才允许上轿。

第四节　民间传说

一、鄱阳湖大孤山传说

　　大孤山位于浩瀚秀丽、湖光山色的鄱阳湖中，六朝时称"独石"，又因其形如鞋，俗名"鞋山"。相传古时有一年轻渔郎，姓胡名春，在鄱阳湖中网到一盒，内贮明珠一颗，异常高兴，便欣然回家。路中遇见一位身穿绿衣的少女在悲伤地啼哭，问其原因，说是丢失明珠，渔郎胡春当即将明珠奉还，少女拜谢而去。他日，胡春正在打渔时忽逢狂风暴雨，刹时天昏地暗，正在危险之时，有绿衣少女手执明珠，为胡春导航使其转危为安。这位绿衣少女便是瑶池玉女，名叫大姑，因触犯天规，被贬于鄱阳湖，独居碧波之间。这两次经历，使胡春与大姑互生爱意，遂结为连理。渔霸盛

< 鄱阳湖大孤山

泰见大姑美貌似花，顿起歹念，但无法得手。另一方面，玉帝知大姑与胡春结为夫妇，遂派遣天兵天将捉拿大姑，渔霸盛泰也趁机加害胡春。当大姑被劫持于空中时，见胡春被盛泰击伤，且欲置之死地。大姑无奈，即将所穿之鞋踢下，化作峭壁，将盛泰镇压于湖底。此鞋即成为山，所以，大孤山实为大姑山。

二、黄金鸟的传说

在都昌县大港镇境内有座山，名黄金山。黄金山山顶原有一座古庙，名黄金寺。山里有许多金黄色的小鸟，漫山遍野飞成一片，人们称它为"黄金鸟"。山下一垅坂，田园肥活，凝翠载青，称"黄金坂"。

相传西汉年间，石氏始祖世英公受官吏所害，带儿子良公逃到此地，隐居山间，靠食山中野果度日维生。一天，他俩采摘山果时，忽见一只只金黄色的小鸟在他们面前飞来飞去，不停地叫着："洞里有金，良人去取。"父子俩听得清楚，却又不敢相信。两人一合计：且进去看看。他俩打着火把进洞去。果然，未入洞里，便已听见里面传出的声音亮脆，接着眼前是一片金光闪闪。洞里黄金真不少，但他们每人仅拿了一锭出来，用黄金在山下买了一片地，取名黄金坂，父子俩在此辛勤耕作，种地所获收入全部用于救济贫民。他们还在山顶建了一座寺庙，取名黄金寺，父子俩常上山祈祷，愿农民们富庶安康。

山下的村里，有一十分贪财的财主听到了山上洞里有黄金的消息，急不可待，也打着火把进洞去取黄金。谁知刚一进得洞来，全部黄金变成金黄色的小鸟飞出洞外，霎时间，电闪雷鸣，狂风呼啸，山雨倾盆，岩石倒塌，财主一命呜呼。

后来，人们称山里那金黄色的小鸟为黄金鸟。

三、铅山大义桥的传说

铅山县北面的桐木江上至今仍保存着一座八墩九孔、长 193 米、宽 6 米的千年古石桥。桥的正中竖有一座方亭，亭中碑石上书有"大义桥"三字。此桥乃唐贞元年间峰顶寺住持大义禅师所建。

古时桐木江水面宽阔，县城内外的人们要过往此河，必须乘坐渡船才行。每年汛期，水流湍急，十分危险。一次，大义禅师路经此河，恰逢涨水，险些命丧此处，于是禅师便暗暗发誓，一定要在这河上修建一座桥。

为修此桥，禅师四处化缘，踏遍广信府六县七十二乡，草鞋穿破了九九八十一双，历经一年又八个月，终于筹集到了建桥所需的银两。永平一带的穷苦老百姓听说禅师化缘建桥，也都纷纷表示出工出力。

当时建的是石墩木架桥，桥墩由南而北逐个修建，前七个桥墩建的都很顺利，谁知到了最后一个桥墩时，却出了件怪事。白天建好的桥墩，过一个晚上就不见了，变成了一堆乱石，且一连三次都是如此。为此，禅师百思不得其解，吃不下，睡不着。当桥墩再一次建好，禅师决心晚上到实地去看个究竟。半夜时，他一个人悄悄地躲在灌木丛中，只见一道黑影袭来，刚刚还好好的桥墩，刹时间又倒塌了。禅师想起自己费尽千辛万苦仍无法建成此桥，不禁万念俱灰，欲跳河自尽，一死了之。忽然，一位老人用拐杖钩住了他的腰，禅师认出老人是八仙之一的铁拐李，于是慌忙跪下，诉说桥墩之事，求神仙相助。

铁拐李告诉他桥墩倒塌是鹅湖中的黑鹅精所为。城西任百万家有一聚宝盆，在桥墩建好时将其投入水中，黑鹅精便作不了怪。铁拐李说完便腾云而去。

待到天明，禅师找到任百万借用聚宝盆，但任百万爱财如命，无论禅师如何劝说就是不肯借。于是禅师苦思冥想了三天，装扮成叫花子，使用计谋，劝说任百万，钱乃身外之物，并最终借到了聚宝盆。当第八个桥墩再一次建好后，禅师故意选在夜间竣工。当天晚上，人们从四面八方会聚

铅山大义桥 >

到河边等待。天快亮时，桥身忽地有些晃动，说时迟，那时快，禅师迅速将聚宝盆投入水中，只见河里冒出一股黑水，桥墩马上就平稳了。人们高兴地欢呼起来，桥终于建成了。

桥建成时取名"思政桥"，后来大义禅师圆寂，人们才改其为"大义桥"，直至今日。

四、琵琶峰的传说

上清宫的正南方有座高达百丈、形似琵琶的秀丽山峰，当地人称其为"琵琶峰"。琵琶峰和其他山峰一样，不仅造型秀丽，而且还有美好的民间传说。

相传王母娘娘身边有一位侍女，她聪明美丽、心地善良，因弹得一手好琵琶，众仙女称她为"琵琶仙子"。

自从牛郎织女被王母分隔在银河两岸之后，琵琶仙子每日听见那一对孩子的哭声，心中悲愤难忍。一日，她对王母说："织女牛郎虽犯了天条，但看在他们一双儿女的份上，让他们相聚才是。"王母听后心中不悦，对琵琶仙子说："我已划下了天河，要相见是难上加难！你有此好心肠，也是白费心机。"琵琶仙子听后，一声不吭地走到银河边，手执琵琶，弹起了一曲"鹊桥曲"。

琵琶仙子的《鹊桥曲》震撼着天庭的每个角落，不一会儿，只见天上、

　　　　　　　　深厚的文化底蕴　多彩的民俗风情

地下的喜鹊铺天盖地地朝银河飞来，在两岸迅速搭起了一座鹊桥。王母见了大怒，要琵琶仙子停止弹奏，否则把她打下凡尘化成石头。琵琶仙子对王母说："要我停止弹奏可以，要罚我下凡化为石头也行，只求王母发慈悲之心，让这些喜鹊每年在银河架桥一次，让牛郎织女相见。如王母不答应，我就是被罚下凡间，这些鹊儿们也不会离开银河的。"王母无奈，只好答应琵琶仙子的要求，每年的七月初七叫喜鹊们在银河上架鹊桥，让牛郎织女夫妇相见。但琵琶仙子要永世罚下凡去化成石头！琵琶仙子一一应诺。她收起琵琶之后，王母娘娘一手掌便将她打下凡界化成琵琶峰，伫立在龙虎山。每年的七月初七，琵琶仙子就会弹起"鹊桥曲"，提醒喜鹊们按时架桥，好让牛郎织女相见。可她自己，就永远化成了这秀丽的琵琶峰。

第五节　饮食文化

一、名菜

1. 瓷泥煨鸡

相传清代时，景德镇的瓷工喜将嫩鸡去毛、破腹后，在鸡腹内填满猪肉末及生姜、葱花、麻油、食盐之类的佐料，用荷叶包扎好，然后将绍兴老酒淋入瓷泥中，拌匀后，用含酒的瓷泥将嫩鸡及荷口团团裹住，再将鸡埋入刚开窑的热窑内的窑渣中，煨烤十个小时左右，便可取出。剥去瓷泥与荷叶，即可食用。这种煨鸡，鸡身完整，鸡肉鲜嫩，酥烂离骨，浓香扑鼻，食不嵌齿。后来，镇内的一些菜馆在总结瓷工们这一烹调经验的基础上，又创出了更为先进的煨烤

瓷泥煨鸡 >

方法，使瓷煨这一民间俗菜逐渐升格为景德镇最为著名的传统名菜之一。

2. 捶鱼

为龙南县传统名菜之一，色、香、味、形俱佳，有舒心醒脑、明目利尿和促进睡眠的功效，是滋补养身的美食佳品，历来为民间喜宴中的上菜。龙南民间有"不晓得捶捶鱼的不算大厨师"的说法。捶鱼主要原料为鲜鱼（草鱼或鲢鱼）和薯淀粉。制作时将鲜鱼洗净，去鳞去脏除骨，剁蓉成饼，和以精制薯粉推碾成薄片。煮时，先入沸水中余热，再捞出用冷水浸凉并切成条带，放入热汤煮熟，起锅盛碗后撒上肉丝、香菇丝等拌料即成。

3. 三杯鸡

200多年前，江西宁都县有一对父母双亡、相依为命的姐弟。一天，弟弟要出外学做生意。临行前，姐姐将家养的不到一年的母鸡宰了，剁成小块，用一个带盖的土钵装上。顺手用小茶盅往钵里倒了一杯酱油、一杯猪油、一杯米酒，但忘了往钵子里加水，就端在灶上烧。过了一会儿，一股浓郁香味扑鼻而来，鸡也烂了，色也上了，汤也干了，味道既鲜又美。隔壁的官厨闻香而来，一尝拍案叫绝。细究其由后，官厨信口名之"三杯鸡"，故此得名。

后经改进，用未生蛋的母鸡斩成小块，置入带盖的砂钵内，加入甜米酒、猪油、酱油、葱、姜、食盐。加盖后小火炖烂，稍留一点汤。加入味精、香油，用大火收干汤汁迅速上席。要求上席时，钵内吱吱作响，香气、热气弥漫，回味无穷。

　　　　　　　　　深厚的文化底蕴　多彩的民俗风情

4. 浔阳鱼席

浔阳楼，位于九江市区北部长江边的龙王墩地段，建于宋朝。因宋江在浔阳楼酒醉题反诗、李逵挥斧大闹此楼而闻名天下。此酒楼的"浔阳鱼席"素享盛名。全部酒席的冷盘、热炒、大菜、汤和点心所用主料均是鲜鱼和虾蟹，色、香、味、形独具特色。相传宋代时"浔阳楼"酒家便以鱼席著称，宋江等梁山好汉曾登楼饮酒赋诗，品尝鱼席。

浔阳鱼席的主要名菜有：鱼面、清蒸鲥鱼及鲤鱼跳龙门等。鱼面的制法为：青鱼一尾，去刺，脱鳞，洗净。先切成条状，再斩成鱼泥。稍放一刻钟，倒入三分之一的豆粉，进行捣拌，均匀后加入佐料，擀成面条，入沸水锅中即成。清蒸鲥鱼是取新鲜鄱阳湖鲥鱼两条，开肚洗净，把打下的鱼鳞用网罾装起来，放在鱼肉上，置锅内清蒸即成。鲤鱼跳龙门是取活蹦鲤鱼一尾，开肚，脱鳞，洗净，留腮。操作时手脚要快，不能让鱼死去。两手分别抓住鲤鱼的头和尾，放入沸油锅炸鱼身。肉熟，放至盘中，迅速加入佐料便可。这时，鲤鱼在盘中仍然张口和摆尾。

5. 鄱阳湖鲥鱼

鲥鱼的外形扁而长，大的长达半米多，腹薄如刃，鳞粗而亮，脂肪丰腴，色白如银，古时亦称"银鱼"。

鲥鱼为回游性鱼类。明代医药名著《本草纲目》有着这样的记载："初夏时有，月余即无，故名鲥鱼。"鲥鱼原是一种海鱼，栖息于太平洋和我国沿海港湾内，每年春末夏初，它们成群结队地由海入江，逆水而上，游入内河、湖汉排卵繁殖，形成一年一度的鲥鱼汛。鲥鱼溯长江而上，取道

< 鄱阳湖鲥鱼

鄱阳湖，进入赣江。六七月间到达赣江中游江段和信江的鹰潭一带产卵。这里两岸丘陵起伏，河床宽窄多变，深潭浅滩相间，江水奔流，是鲥鱼良好的产卵场所。雌鱼产卵与雄鱼排精配合默契，几乎同时进行。孵苗后，随流而下，大部分幼鱼在鄱阳湖内栖息、索饵、育肥、生长。秋末冬初，再由鄱阳湖经长江游入东海。

吃鲥鱼得吃新鲜的，先备好渔具和炊具，当鲥鱼汛发时，举网得鱼后，立刻烹调，就在船上品食，其味美绝伦。制作时取鲥鱼中段，用刀刮除腹壁内血污，洗净，千万不要去鳞。烫锅后放猪油至热，下鱼略煎，加葱、姜、春笋片稍焖。再加酒、酱、糖、盐、清水，加盖烧沸。再移回旺火烧到汁浓，下味精，用淀粉着稠即可。其色深红，肉肥鲜嫩。

二、名点

江西的名点小吃多以糯米、糯米面及其他面料为主料，以松软、甜美、脆香酥口、咸淡相宜为特点。由优质大米派生出江西的许多名点，如老鼠银米馃、冻米糖、麻糍、黄黏米馃、八珍饭等，既具有大众性，又为点心中之珍品。

1.老鼠银米馃

江西遍地都生长鼠银草，俗称"老鼠银"，苗长尺许。此草似马齿苋而细有微白毛，采摘后捣挤汁与糯米粉糅合，青翠欲滴，隔天不变味。再配以豆沙馅、鲜笋炒肉馅、桂花糖馅以及砂糖、芝麻油炸，其色香味俱全。

2.冻米糖

这是丰城的传统名产，已有200余年的历史。其原料采用洁白、颗粒长的"棉花糯"、"柳条糯"，在霜期晴天加工，蒸熟的糯米饭要求柔软无夹心，再将饭晒成饭粒互不相粘的"冻米籽"。将冻米籽放入油锅炸成米花，再将米花放入糖汁里拌匀，撒上红柚丝或熟芝麻，摊平，用快刀切块分条，冷却后即成冻米糖。冻米糖色泽明亮，香甜酥脆。

3. 通心白莲

江西广昌县素有"莲乡"之称。盛产白莲，石城、宁都、南丰、南城等县也有栽培。白莲含淀粉、蛋白质及棉子糖，为良药和补品，以色白粒大、晶莹如珠、加工精细、味美清香、营养丰富尤其是蛋白质含量高于鸡蛋而驰名中外。通心白莲的加工工艺为：采莲、剥壳、去衣、通心、烘（晒）干。莲子一般用作糕点。当地人喜欢用它作为名点上席，平时用它煮稀饭、炖鸡炖肉或单独清炖清蒸，均为佳品，具有清心、益肾、健脾、润肠、补身量寿的功能。

4. 弋阳大禾米粿

简称"大米粿"，是弋阳县的传统珍品，其制作始于明代。选用优质纯正洁白、质软的弋阳特产大禾米，经过三蒸二百"捶"加工而成。大禾米粿制作方法为：米浸胀，上甑蒸成饭，放入石臼反复捶打，由于捶打非常吃力，非身强体壮的男子而不能胜任，所以近年来改为打粿机捶打。旧时，打好的米粿印成大、小圆形或搓成条状，颇为精致，浸泡在水中8个月可保持新鲜不变味，具有洁白如霜、透明似玉、油质发亮的特点。又因其选料严密、烹调方便、风味独特、柔软爽滑、味道可口而驰名省内外，成为独有的"弋阳米团子"。

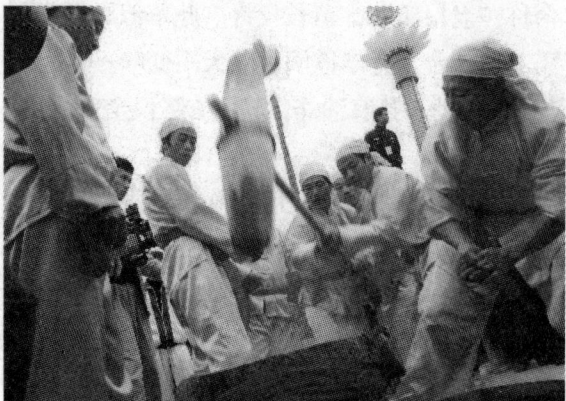

<弋阳大禾米粿制作工艺

第六节 传统技艺

一、萍乡传统烟花制作技艺

萍乡上栗是中国烟花爆竹的发祥地。当地烟花爆竹生产历史悠久，烟花爆竹的发明者李畋便为上栗人。据《唐史》记载："李畋，江南西道袁州府上栗麻石人氏，生于唐武德四年(621年)四月十八日。"据说他曾用自己发明的爆竹，帮助唐太宗李世民驱除山魈邪气，使其龙体康复，遂被封为爆竹祖师。据老艺人回忆，萍乡上栗从明朝开始做鞭炮，到清朝时，各家各户生产已很普遍。清康熙以后，上栗成了爆竹生产、销售的集散地。

萍乡烟花 >

深厚的文化底蕴　多彩的民俗风情

从清朝末年到20世纪70年代，上栗花炮生产工艺基本上沿袭传统的手工技艺。以鞭炮生产为例，从纸张到成品大体要经过15道工序，即裁纸、扯筒、褙筒、洗筒、腰筒、括底、干燥、上硝、封口、钻孔、插引、扎颈、结鞭、封装、成箱等。20世纪80年代后，通过历史的技术积淀和科技的发展创新，探索出了花炮生产的新方法和新工艺，制作出了各种制造花爆的机械，一些传统手工生产技艺逐步被机械化生产或半机械化生产代替，大大提高了劳动生产力，降低了生产成本，增大了安全系数，提高了产品的市场竞争力。到2006年，上栗全县已拥有新建和已建的花炮厂1059家，主要分布在上栗、金山、桐木、鸡冠山、长平、福田、赤山、东源等乡镇，产品远销全国各省市和30多个国家和地区。

二、瑞昌竹编技艺

瑞昌竹编是瑞昌传统民间手工技艺，最早可追溯到商周时期，距今有3300多年的历史。

瑞昌竹编工艺品以竹子为原材料，经手工制作而成。过去，瑞昌山民

< 竹花盆

常以小山竹编织篾器出售。传统的竹编制品有簸箕、米筛、箩等。

瑞昌竹编主要工序有去蔸、去稍、破竹、劈条、去篾黄、取层、拣篾、刮篾、煮篾等。竹器编织的花样虽然多种多样,但其基本构造都是由底、腰、筒身、缘口、提手等几个部分组成。所编织的竹篾有经纬之分,被挑压的称为"经",被编入的称为"纬"。整个编织过程是一个不可分割的有机整体,主要由开头、立腰、编器身等环节组成。

瑞昌竹编用途广泛。传统的竹编制品有簸箕、米筛、晒筐、丝箩、竹囤、凉席、斗笠、笼、鸭棚、播篼、竹水车、拖箩、桌、椅等,其中斗笠、丝箩、米筛被誉为"瑞昌竹器三宝"。20世纪70年代,瑞昌竹编工艺在继承传统工艺手法的基础上,不断创新,由实用型产品向艺术鉴赏产品拓展,远销日本、韩国等东南亚国家。2001年10月,瑞昌竹编工艺品参加在四川宜宾举行的第三届中国竹文化节暨中国竹业博览会,荣获金奖。

三、鄱阳脱胎漆器工艺

鄱阳,自古即有"舟车四达,重贾辐辏"之名,手工业向来发达。该地的脱胎漆器制作已风行达千年之久。据专家考证,鄱阳脱胎漆器起于先秦,经历代传承,到晚清又有飞跃。那时的鄱阳到处遍布髹漆技艺工匠及作坊,仅鄱阳镇一带就有髹漆店30家。1915年,张席珍携带鄱阳脱胎漆器参加巴拿马世界博览会,获得褒奖,遂使之名声大震。1949年前后,该地区髹漆业者达80多户。20世纪六七十年代,鄱阳脱胎漆器成为江西轻工业产品的出口大宗,产品达300多种。先后销往日本、美国等20多个国家和地区。

脱胎漆器是在模具上用夏布或绸料漆裱,连上数道漆灰料,干固后脱除内模成型胎壳,然后经过多次填灰、上漆、打磨、装饰而制成。鄱阳脱胎漆器种类很多。从胎骨分,包括木胎、竹胎、皮胎、夹纻胎、藤胎和积

　　　　　　　　深厚的文化底蕴　多彩的民俗风情

< 鄱阳脱胎漆器作品——红底牡丹花瓶

竹胎等，最流行的是木胎。在制作工艺上，有雕花、镶嵌和贴金等手段。它最突出的特点是轻巧玲珑，色泽如镜，古朴高贵，神韵典雅。脱胎漆器成品不怕烫，不易破碎，盛放食品不走味，防腐、耐酸碱。既可作为工艺观赏品，也可用作家居实用品。

　　鄱阳脱胎漆器有重要的历史价值与文化价值。经过一代代人的传承发展，它已经逐渐完善完美，成为中华文明的艺术瑰宝。它集美术、工艺、技术为一体，既有实用价值，也有收藏价值。

四、万载夏布制作技艺

　　万载夏布曾号称江西的三大特产之一。其生产历史最早可追溯到东晋后期。唐代时，万载夏布便以"柔软润滑，平如水镜，轻如罗绡"而出名，被列为贡品。经过世代锤炼，夏布制作工艺日趋成熟。明代时，万载县约70%的农户从事或兼营夏布生产。清代，全县有1000多家作坊，3000余人专门从事夏布生产。民国时期，万载境内的大桥、潭埠等地，每年生产夏布万余卷，远销海外，在东南亚等国享有盛誉。1940年参加巴拿马国际展览，夺得金牌。

万载夏布是传统手工布的典型代表，新织麻纱呈圆形，故又被称为圆纱夏布。它与外地的扁纱夏布相比，质地更好，麻更精细、更耐用。万载夏布纱质细腻，边缩平整，编织均匀，色泽清秀，透气，不皱折，不变形，易洗涤，凉爽清汗，越洗越白嫩，是一种对人体、对环境、对土壤没有任何污染和破坏的纯手工环保制品。

万载夏布从原料到成布的各道工序均由手工完成，原料加工全部采用

∧ 万载夏布制作技艺工序之刷布

日晒、夜露、泉浣等自然方法。万载夏布的苎麻浣洗和漂白方式独具特色。外地浣麻多用漂粉与酸水等物，而万载浣麻多用本地山间清泉，无需掺入药品，也严禁用硫磺烟熏而求一时之美色。

万载夏布用途广泛，可用来制作服装、帷帐、墙布、褥垫，还可用于题诗作画或制作工艺品等，还可应用到航空航海、机械工业等领域。

第五章

赣鄱英杰　群星璀璨

　　江西古称"文献之邦"、"节义之地"，王勃曾赞誉她"物华天宝"、"人杰地灵"，是一个人文荟萃之地。自汉唐以来，尤其是宋、明两代，江西文风鼎盛，英才辈出。近代历史上，英雄的江西儿女为了民族的独立、祖国的富强甘洒热血，前仆后继，为江西悠久灿烂的光辉历史画卷写下了浓墨重彩的一笔。

∧ 文天祥纪念馆

第一节　田园侍派创始人陶渊明

陶渊明（约 365—427 年），字元亮，又名潜，号五柳先生，世称靖节先生，今江西省九江市人。东晋末期南朝宋初期诗人、文学家、辞赋家、散文家。

陶渊明少年时期便有"猛志逸四海，骞翮思远翥"的大志。孝武帝太元十八年（393 年），他怀着"大济苍生"的愿望，出任江州祭酒。以后又历任建威参军、镇军参军、彭泽县令等职。但多年的官场生涯，亦使陶渊明亲眼目睹了官场的黑暗，心中萌生隐退之意。所以，在做彭泽县令 80 多天后便弃职而去，从此归隐田园，开始了"躬耕自资"的田园生活。

乐趣无穷的归隐生活陶冶了陶渊明的性情，丰富了他的诗作，使他能在那个形式主义盛行的时代开隐逸诗人之宗，成为田园诗派之祖。他的诗清新朴实，平淡自然，韵味天成。恬静的田园是他自由的天地、理想的寄托。

陶渊明像 >

陶渊明的文、赋感情真挚而强烈，风格质朴而自然，一扫晋宋文坛雕字琢句的华靡文风。主要诗赋有《归园田居》、《和郭主簿》、《于西田获早稻》、《怀古田舍》、《归去来兮辞》、《桃花源记》、《五柳生传》、《感士不遇赋》等，对后世产生了重大的影响。

第二节　宋词名家晏殊

晏殊（991—1055年），字同叔，临川县人。其先世并不显达，其父晏固只是抚州衙门的一个小吏。晏殊自幼聪颖好学，7岁能文，被乡里誉为神童。13岁时，适逢工部侍郎李虚己知洪州（今南昌），一见奇之，将女儿许与晏殊为妻。李虚己喜作诗，精于格律，曾以诗法授晏殊。真宗景德元年（1004年），江南大旱，朝廷派张知白安抚江西。张访得晏殊之名，以神童向朝廷推荐。次年，真宗召见晏殊，命他与1000多名进士并试于朝。他胸有成竹，一挥而就。真宗大悦，赐同进士出身，擢为秘书省正字。北宋初期，政局相对稳定，士大

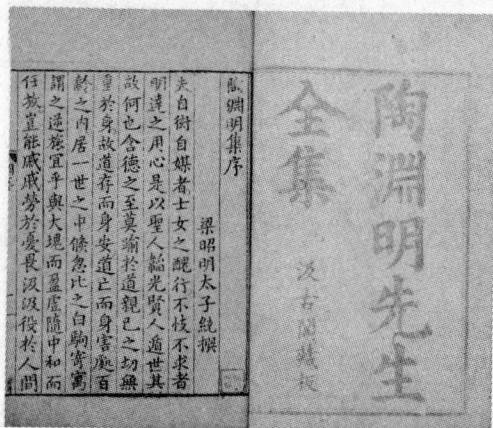

< 《陶渊明先生全集》

夫们纵乐寻欢之风很盛。晏殊在史馆任职，整日闭门不出，与兄弟读书为乐。真宗得知，认为晏殊为人谨慎忠厚，命他为昇王（即后来的仁宗）府记室参军。晏殊从此进入东宫，为以后得到仁宗重用打下了基础。

宋仁宗即位之初，章献太后垂帘听政，晏殊是东宫旧臣，被委以枢密副使重任，时年35岁。37岁时，因故被罢为宣州太守。几个月后，改知应天府（治所在今商丘）。第二年回朝，为御史中丞。仁宗明道元年（1032年）升为参知政事。次年三月，章献太后崩，仁宗亲政，尽斥章献太后旧臣，晏殊被贬为亳州太守。宋仁宗宝元元年（1038年），晏殊被召回，庆历三年（1043年），到达其政治生活的巅峰：任同中书门下平章事（宰相）兼枢密使。第二年又降，以工部尚书出知颍州。这次谪迁长达10年之久，

然而其间仍皇恩有加，仁宗皇祐五年（1053年），封临淄公。仁宗至和二年（1055年），晏殊病逝，谥元献。

晏殊所处的真宗、仁宗两朝，政局相对稳定，"千门万户乐升平"。作为太平宰相的晏殊，在文化教育和荐拔人才方面做了不少好事。他平生好兴办学校，重视选贤任能，范仲淹、韩琦、富弼、欧阳修等皆出其门，王安石也受过他的奖掖，有"贤相之称"。

晏殊一生，不仅仕途顺利，而且是北宋词坛婉约派的代表。生活经历所致，

<晏殊画像

晏殊的词作圆融俊雅，没有激越刚烈之声，题材以男女相思、伤春伤别为主。然而，作为一个具有浓厚深刻忧患意识且善于细致反映内心细微体验的词人，晏殊是用词体现人生哲理的行家里手，因而其词作的实际审美价值远远高于题材及其所流露的闲情本身，具有一种超越时空的意蕴。

晏殊是北宋初期第一个有意为词且为之而工的大词人，与稍后的欧阳修一道继承南唐词风，不断创新，开创了"江西词派"。晏殊共有词作143首，结为《珠玉集》。在北宋词坛上，晏殊上承南唐余绪，下启北宋一代，掀开了宋词发展的序幕。

第三节　北宋文坛领袖欧阳修

欧阳修（1007—1072年），北宋著名的政治家、文学家。字永叔，号醉翁、六一居士。生于江西永丰县的一个仕宦家庭，但父亲早亡，家道衰落，坚毅顽强的母亲为了使他长大成才，成为一个对社会有用的人，就用荻草杆当笔，以沙当纸，教欧阳修识字练字。稍大一些，欧阳修便如饥似渴地读书，自己家里没有书，就到附近读书人家去借，有时整本整本抄录下来。他最喜爱韩愈的文章，读后非常仰慕，并苦心钻研，到了废寝忘食的地步。

欧阳修勤奋刻苦学习，于宋仁宗天圣八年（1030 年）考中进士，从此踏入仕途。欧阳修秉性刚直，不畏权势，积极参加范仲淹领导的政治改革。在身居高位后，他能慧眼识才，举贤任能。在主持科举考试时，他力排众议，对那些才学平庸的考生一律不予录用，已录用的一概罢黜，对具有真才实学的文人学士，如曾巩、王安石、苏洵、苏轼、苏辙等都积极推荐。当初这些人都不为人知，由于他的引荐，才得以为官，而最终名扬天下。

欧阳修治学严谨，学习刻苦，虽然政事繁忙，但他仍利用枕上、马上、厕上等空闲时间大量阅读。他平生所作文章的构思，多是在这"三上"时间内完成的。

欧阳修还领导了北宋中叶著名的诗文革新运动。唐末五代以来，知识

知识小百科

宋词两大流派

宋代词人创作风格各异，主要分为婉约派和豪放派两大流派。婉约派因其词作委婉柔美而得名。代表人物柳永，擅长慢词长调创作，多反映市民生活。女词人李清照继承了柳词风格，其词委婉含蓄、清新淡雅，亦被视为婉约派正宗。豪放派词风豪迈奔放。代表词人有苏轼、陆游、辛弃疾。另有周邦彦、姜夔等词人所作的辞藻工丽、音律典雅的格律词，在宋词中亦占有一隅之地。

分子都崇尚风格浮艳、词句难懂的文章。欧阳修中举以后，继承和发展了由唐代韩愈、柳宗元开创的古文运动，主张文章应该明道致用。他反对文章空洞无物，为文而文，主张写文章既要做到明白通畅，又要精炼含蓄、耐人寻味。他以长期的努力和大量的创作实践来倡导并发展这种文风。他的散文平易自然，委婉含蓄；政论文逻辑严密，说理充分，语言明快；记事文往往用精炼的形象化的语句，生动地表现出人物的活动或山水的景色；抒情文能吸收骈文的长处，利用声韵、对仗加强思想感情的传达，使整篇文章具有一种内在的韵律美，读来朗朗上口；笔记文写得生动活泼，富有情趣，并常能摹拟细节，刻画人物，开创了一代文风。在诗歌创作上，欧阳修主张诗歌应反映生活，语言通俗，为宋诗发展开拓了一条新的道路。

欧阳修一生甘于淡泊，留下了大量诗文。他的文章有古近体赋、论文、记叙文、祭文、墓志铭等约 990 多篇。他的散文有 500 余篇，是其文学创作中成就最高的部分，成为唐宋八大家之一。他的诗作约 850 多首，词约

< 欧阳修画像

有 200 多首。除文学外，欧阳修还对周、汉以后的金石遗文、断篇残简进行深入研究，并有不少成果，这些成就汇集在《集古录》里。他还奉诏与宋祁合修《新唐书》共 255 卷，并独自著有《新五代史》共 74 卷。二书均被列入"二十四史"。其有《欧阳文忠公集》行世。

第四节　北宋文坛健将曾巩

　　曾巩（1019—1083 年），字子固，南丰县人，人称"南丰先生"。曾巩出生于官宦世家、书香门第，优越的家庭环境使曾巩从小受到了良好的教育，很快便显露出惊人的才华。

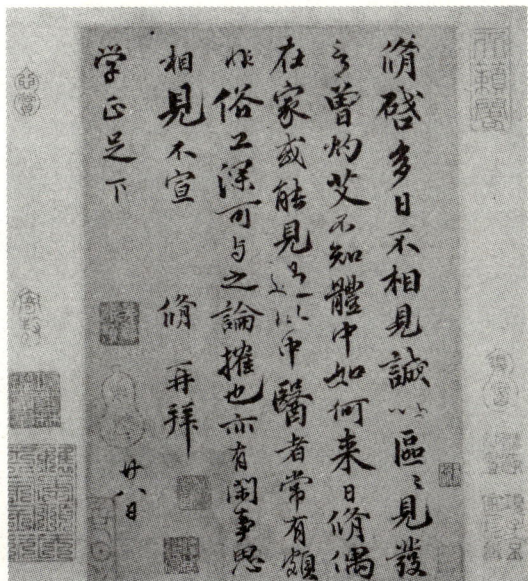

欧阳修手迹 >

18 岁时，曾巩赴京参加科举考试，但当时科举专以辞赋华丽取士，使得擅长汉唐散文的曾巩名落孙山。也是这一次科举，使他意外地结识了王安石，俩人一见如故，遂成为刎颈之交。

北宋中期，形成以欧阳修为领袖的文学革新运动。曾巩久仰欧阳修大名，并为其学识所折服，决定师从欧阳修。1041 年，曾巩写就一篇《上欧阳学士第一书》，并附上杂文、时务策两篇，投书欧阳修。欧阳修大喜过望，对其才学十分欣赏，大加赞誉。同年，曾巩二度参试，仍未中第。欧阳修作《送曾巩秀才序》，勉励曾巩继续努力。欧阳修的指点和赏识，对曾巩的成长起了很大的作用。

五年后，曾巩再次入京应试，然而又一次失败了。三次应试，三次落第，但曾巩不气馁，不灰心，以此为动力，不分寒暑，不舍昼夜，刻苦攻读。这一段艰辛的经历，为他以后的成功打下了坚实的基础。

1057 年，欧阳修主持礼部大试，他力排众议，对科举考试进行变革，

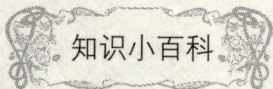

知识小百科

唐宋八大家

唐宋八大家是唐宋时期八大诗人、散文作家的合称，分别是唐代的韩愈、柳宗元，宋代的苏洵、苏轼、苏辙、欧阳修、王安石、曾巩。其中，苏洵、苏轼、苏辙父子三人被称为"三苏"，韩愈为唐宋八大家之首。

在唐中叶，韩愈、柳宗元崛起，掀起古文运动，使得唐代的散文发展到极盛，一时古文作家蜂起，形成了"辞人咳唾，皆成珠玉"的高潮局势。

作为唐宋古文运动的中心人物，唐宋八大家提倡散文，反对骈文，对当时和后世的文坛产生了深远的影响。

坚持以古文、策论为主，诗赋为辅命题，词藻华丽者概不录取。这次，曾巩和弟弟曾牟、曾布一同参试，一同登科，时年39岁。

科举入仕的曾巩历任司法参军、馆阁校勘、通判、知州等职，始终廉洁奉公，兢兢业业，勤于政事，关心民众疾苦。曾巩先后做过今安徽当涂、浙江绍兴、山东济南、湖北襄阳等地的地方官，政绩显著。

1068年，宋神宗起用王安石进行变法。曾巩虽和王安石一直友善，但对变法中的某些具体措施有不同意见，因而他根据王安石的新法宗旨，结合实际情况加以实施。他致力于平反冤狱、维护治安、打击豪强、救灾防疫、疏河架桥、设置驿馆、修缮城池、兴办学校、削减公文、整顿吏治、废除苛捐杂税，深受群众拥戴。

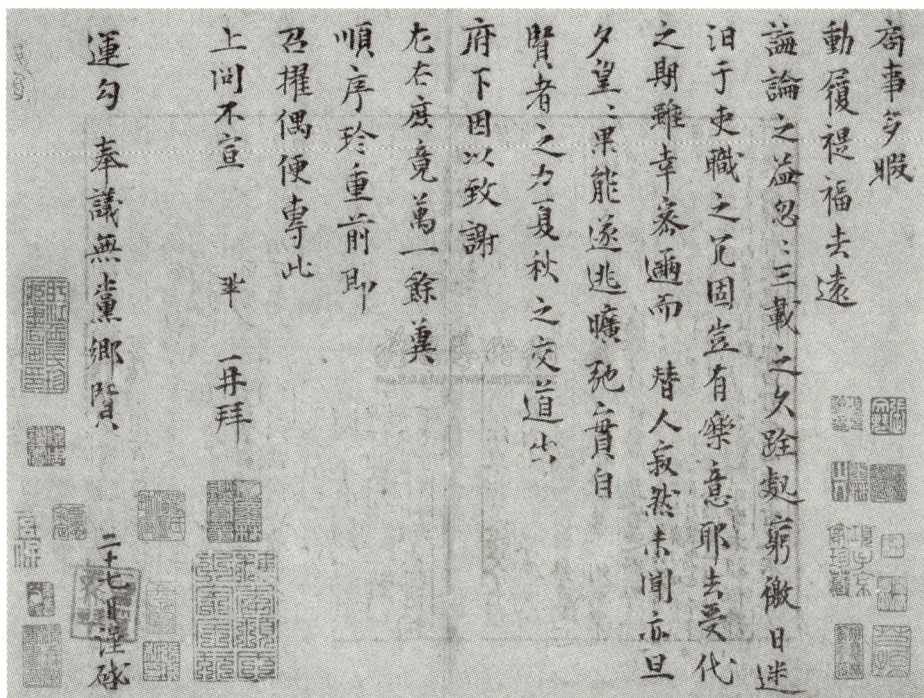

∧ 曾巩《局事帖》

曾巩是欧阳修诗文革新运动的积极支持者。他主张文学应明教化，修法度，重经义，文以明道。在创作中崇尚大经，取法韩愈、柳宗元。曾巩的散文著称于世，代表作《墨池记》以东晋著名书法家王羲之练字为范例，鼓励人们刻苦自励，以成就事业。文章夹叙夹议，发人深思。

刚正不阿、为政廉明的曾巩，不贪钱财，兴利除弊，关心民生，所到之处深得百姓拥戴。济南大明湖畔迄今屹立的曾公祠，就是纪念这位为百姓办好事的清官的。1080年，曾巩移知沧州，途经京师，被神宗召见，提出节约为理财之要，颇得赏识，遂留京任职。不久辞世，享年65岁。

第五节　伟大改革家王安石

王安石（1021—1086年），字介甫，别号半山，生于临川一个小官吏家庭。父亲王益曾做过几任州县官吏，秉性耿直，为官清正。王安石从小跟随父亲宦游各地，眼界开阔，见识广博，尤其是对民间疾苦深有感触。

13岁时，王安石拜博学多才的梦周先生为师。他刻苦学习，博览群书，诸子百家之书，古代文学家的诗词、散文以及农桑、工艺、医学等方面的书籍无所不读，无所不问。庆历二年（1042年），他赴京考试，金榜题名，得中进士。21岁的王安石鄙视浮名，不愿走投机钻营之路，十多次上书请求到地方上做亲民之官，以砥砺意志，积累经验。

王安石做了17年的县官、州官，所到之处，都能体恤百姓，并着力整顿吏治，兴修水利，发展生产，做到为官一任，造福一方。由于政绩卓著，王安石的名声越来越大。嘉祐三年（1058年），王安石被召入京，任三司度

抚州曾巩读书岩

　　曾巩读书岩位于南丰县琴城南门，盱水河畔的半山腰，曾巩幼年曾在此攻读。读书岩深丈许，高八尺，宽丈余，天然石室，内有石桌、石凳和小洞，岩前有一块石台，宽阔平坦，石台之上建有亭阁。石柱陶瓦、油漆彩绘、檐牙高蠹，民族色彩浓厚。石壁上镌刻着南宋理学家朱熹手书的"书岩"二字。池边石碑上刻着朱熹"墨池"手迹。读书岩前景色秀丽、壮观，树掩亭台，红绿相间，盱水西来，倒影如画，美不胜收。1983年值曾巩逝世900周年，在读书岩旁兴建曾巩纪念馆，馆内展示了曾巩生平及主要成就，展品以图片为主，图文并茂，以年谱顺序介绍曾巩一生性耿介、清廉刚正。有全国各地搜集的有关曾巩拓片、报刊、评介、诗词、散文出版物或复印件等。为纪念这位唐宋八大家之著名一家，中国书法家协会主席舒同书写"读书岩"金饰横匾悬挂于正中。

∧ 曾巩读书岩

支判官。这使得他有机会掌握国家政治经济的总体情况，视野更加开阔，对如何改革朝政积弊，逐渐形成了自己的一套见解，为以后推行新政打下了基础。

1068 年，时年 20 岁的宋神宗继承帝位。他迫于积贫积弱的严重局势，企图重振朝纲，有所改革。这时，从政经验丰富的王安石经欧阳修等人的推荐，被任为翰林学士，不久又升为宰相。从此，王安石施展抱负，开始了为期 8 年的图强变法。

他在宋神宗的支持下，以整理顿政为中心，全面颁行新法，其内容涉及经济、军事、教育等方面。经济上，在"理财以农事为急"的思想指导下，先后颁布了青苗法、农田水利法、方田均税法、均输法、市易法、募役法。军事上，提出以"强兵"为中心的军事改革主张，先后推出将兵法、保甲法、

< 王安石画像

我爱江西

保马法、设置军器监等。此外，在教育方面，王安石为培养能够"改易更革天下之事"的人才，提出了一系列的改革主张。

新法的实施，一定程度上收到了"富国强兵"的效果，使危机四伏的北宋封建王朝开始扭转"积贫积弱"的局面。但是，王安石变法在一定程度上限制并触犯了大地主、大官僚的既得利益。新法在推行之初，就遭到以司马光为首的保守派的反对，加之皇太后施加压力，使得宋神宗对变法产生怀疑、动摇，两次罢免王安石宰相的职务。王安石眼看新法难以推行，怀着悲愤的心情离开了京都，退居金陵，从此过着隐居生活。他晚年以写诗著文度日，寄情于山水之间。他晚年的小诗含蓄、平和、情深、意达。

1085年，宋神宗去世，10岁的宋哲宗继位，由其祖母高太后临朝听政，改元"元祐"，任司马光为相，尽废新法，斥逐所有变法派官员，变法终

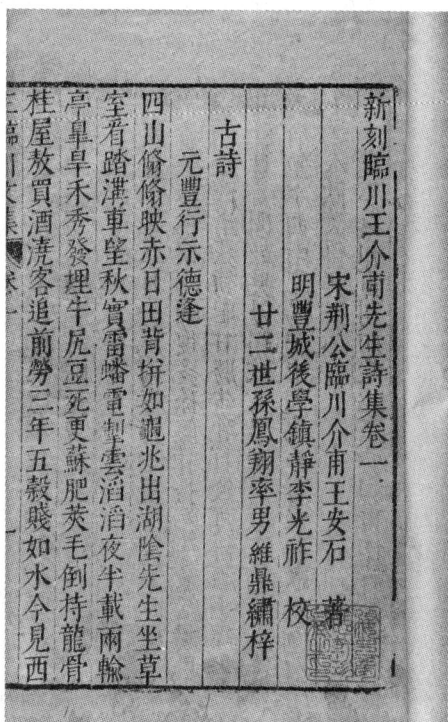

《新刻临川王介甫先生诗集》，王安石著 >

于失败。忧国忧民的王安石于次年忧愤而死。

第六节　理学大家朱熹

朱熹（1130—1200年），字元晦，号晦庵，别号紫阳，南宋江西婺源人。父朱松，进士出身，对二程理学窥研弥深，因不附和议，得罪秦桧，失官居家，以教书为业，恪守孔孟之道。父亲对朱熹要求严格，不仅以儒家经书对他进行严格教导，而且还教育他关心民族社稷安危和社会现实问题，树立抗金必胜的思想和信念。朱熹严守父训，刻苦读书，青少年时代，精心研读儒家主要著作，广泛涉猎各家学说和各种格致之学，学业猛进，19岁登进士第，赐同进士出身，授泉州同安县主簿，曾任南康军两年多。

绍兴三十二年（1162年），孝宗即位，准备出兵抗金，并下诏征求内外朝臣陈述政见。朱熹立即上书陈事，并于次年被孝宗召见，但他的意见未被皇帝采纳。上谏被拒后，朱熹遂退居崇安武夷山寒泉精舍授徒讲学，探求学问，著书立说。15年间，他的学术思想更加成熟，形成了完整的理学体系，初步实现了集理学之大成的宿愿，名声颇大。

朱熹在学术上的成就，使朝廷感到为难，若不任用，会招弃贤之嫌；如加任用，又恐其"干扰"朝政。经过一番研究，决定差遣他远知偏僻之地南康军。淳熙六年（1179年）年三月，朱熹到任，他问民疾苦，推行教化，兴修水利，蠲免钱粮，劝课农桑，获得了百姓的好评。

此外，朱熹曾再三上书皇帝，请求重建毁于战火的白鹿洞书院，并最终得到批准。书院落成之日，他饮酒赋诗并作《白鹿洞成告先圣文》。他还屡次请求孝宗皇帝为白鹿洞书院题匾、赐太上皇帝御书石经、监等九经注疏。朱熹根据多年的教育经验，亲自制订了《白鹿洞书院教规》，这是以程朱理学为指导思想的典型的教育纲领。这个教规是世界教育史上最早的教育规章制度之一。朱熹兴书院，订规章，经常亲自授课讲学，每逢休沐，即亲至书院与学生一起质疑问难。经过朱熹的苦心经营，白鹿洞书院名声大震，白鹿洞书院的规模和教学质量均为全国之冠，四方好学之士，负笈裹粮，前来求学，白鹿洞书院达到历史鼎盛时期，成为海内第一书院和我国古代学术讨论及教育研究中心。

朱熹在南康任职期间，在推行教化、整顿吏治、兴利除弊等方面政声显著，于淳熙八年（1181年）任满，暂回崇安故里。光宗时，赵汝愚奏为侍制、侍讲。时韩侂胄擅权，排斥赵汝愚。庆元元年（1195）年，赵汝愚罢相。朱熹、彭龟年指责过韩，均得罪。三年，将赵汝愚、朱熹等19人著于"伪学逆党籍"，而朱熹被定为"伪学之首"，史称"庆元党禁"。两年后，朱熹病逝，享年72岁。理宗时，赠太师，追封信国公，从祀孔庙。

朱熹一生勤奋好学，关心国事民情，曾立志报效朝廷，献身国家民族。然而南宋王朝政治极端腐败，统治阶级内部不断争权夺利，使他在仕途上

朱熹画像 >

赣鄱英杰　群星璀璨

一再遭受挫折，不能得志，终于绝意于官场，潜心学术，致力于著书立说，教书育人，成为南宋时期著名的哲学家、教育家。他广注典籍，对经学、史学、文学、教育学、乐律以至自然科学都有不同程度的贡献。在明清两代，朱熹被奉为儒学正宗的地位，他的博览和精密分析的学风，对后世学者很有影响，他的学术著作很多，有《四书集注》、《太极图说解》、《通书解说》、《周易读本》、《楚辞集注》，后人辑有《朱子大全》、《朱子集语象》等。其中《四书集注》成为钦定的教科书和科举考试的标准。

第七节　丹心照汗青的文天祥

文天祥（1236—1283 年），字履善，号文山，生于吉州庐陵县（今江西吉安）淳化乡富田村。庐陵县山川富饶，文化发达，人才辈出。文天

我爱江西

祥的父亲学识渊博，人称草斋先生，母亲亦出身于诗书门第，是一位知书达理的贤妻良母。

文天祥天资聪颖，勤奋好学，从小受到严格的家庭教育。18岁时，文天祥前往庐陵，参加乡校考试，名列第一，一时间，名声大噪。次年，文天祥入白鹭洲书院攻读。书院自由讲义、议论时政的学风，使他开阔了眼界，涤荡了心胸。

1255年秋，文天祥与弟弟文璧一同通过乡试。次年五月，赴临安参加殿试。他在《御试策》中，淋漓慷慨地抒发了自己力图改革的政治主张。《御试策》表现了他对国家对人民有着高度的责任感和献身精神。

就在文天祥金榜题名之际，他父亲突然患病客死临安。文天祥护送灵柩回乡，数年后才入仕。因文天祥不阿权贵，力图改革时弊，所以屡遭奸臣排挤。从1259年至1274年，他浮沉宦海数年，曾被罢官，二度退归家乡。一次又一次的打击，并没有使文天祥意志消沉。在被迫退隐的日子里，他仍然渴望为国家轰轰烈烈地干一番事业，实现自己改革社会、经世济民的壮怀雄图。

1274年，元军大举攻宋。12月，鄂州沦陷，元军乘势挥军沿江东下，直指临安。南宋奸相贾似道及大小官员逃的逃，降的降，朝廷陷入一片混乱之中。摄政的皇太后连下几道"哀痛诏"，要求各地起兵勤王。时任江西赣州知州的文天祥，接到诏书后，痛哭流涕，决心起兵勤王。他传檄诸路，招兵买马，屯集粮草，准备起兵。准备妥当后便率领勤王义军日夜兼程奔赴临安，沿途受到百姓的欢迎。

1276年2月，元军进逼临安城下。在朝中无可用之人的情况下，太皇太后任命文天祥为右丞相兼枢密使都督，并要他出城谈判，收拾残局。文天祥到敌营后，不卑不亢，据理力争，言辞犀利，驳得元将理屈词穷，恼羞成怒，将他扣留起来，劝其归顺，但被文天祥严辞拒绝。于是，元军决定把他解往大都，途经镇江时，文天祥在友人的协助下逃出元营，继续抗元大业。

1277年，文天祥率勤王军在于都大败元军，收复了赣南的许多失地，

文天祥画像

军威大振。但在勤王军转移时遭元军重兵围困,文天祥虽奋力拼杀,终因寡不敌众,不幸被俘。文天祥曾服毒自杀,未遂,被囚于元军营中。

1277年10月,文天祥被元军押解到大都,途中写下了那首著名的《过零丁洋》。到达大都后,文天祥在环境极为恶劣的大牢里熬过了3个春秋。元朝统治者为笼络人心,千方百计招降文天祥。从元朝丞相、南宋降臣、南宋亡国皇帝到亲弟弟文璧,甚至是元世祖忽必烈亲自劝降,文天祥始终不为所动,最后坚定地回答:"生为南宋臣,死为南宋鬼。决无他求,只求一死。"忽必烈见劝降不成,只得下令斩杀文天祥。

文天祥就义时年仅47岁。文天祥虽然死了,但他的高尚品德将永远为后人所景仰,他的爱国主义精神将和山河共存,与日月同辉。

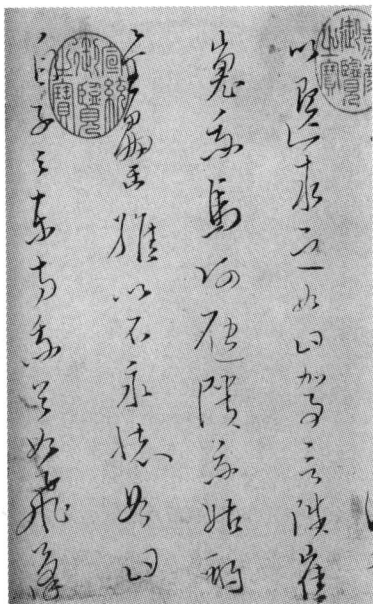

文天祥 草书木鸡集序卷 >

第八节 东方的莎士比亚汤显祖

汤显祖（1550—1616年），字义仍，号海若、清远道人、玉茗堂主人。生于临川县城东文昌里一个世代书香之家。他的祖辈都很有才名，严谨尚学的家风为汤显祖的成长提供了良好的条件。

汤显祖自幼好学，5岁能作对，12岁挥毫成诗，13岁拜学识渊博、品节高尚的徐良傅为师，学习古文法和经文。后跟随理学大师罗汝芳学习理学。罗汝芳的进步理学思想和敢于坚持真理、勇于解人之难的行为深深影响了汤显祖。经过多年学习，汤显祖除通读诸史百家、古文词以外，还精通乐府歌行，五、七言诗，并对天文、地理、医药、卜筮、河渠、墨、兵、怪牒等各种书都有涉猎。隆庆三年（1569年），汤显祖高中举人，令其名声大噪。

汤显祖一改祖辈不入科场的传统，在中举后的第二年，就参加了会试，

吉安文天祥纪念馆

文天祥纪念馆是江西省首批兴建的十大历史名人纪念馆之一，1995 年被中共江西省委、省人民政府命名为江西省爱国主义教育基地；1996 年被国家教委、文化部、民政部、团中央、国家文物局、解放军总政治部六部委命名为中国中小学百个爱国主义教育基地。纪念馆主体建筑是一组中轴对称的仿古建筑群，正气堂高大宏丽，重檐翘角，与东西厢房、庑、诗碑由曲廊相接，形成一个大四合院；院中绿树、绿篱、绿草错落有致，与房屋的黄瓦红墙、石栏交相辉映；花香阵阵，鸣鸟伴和低回的古乐声，环境尤为优雅。纪念馆分五个展厅、六个部分，通过文物、文献、图片、图象、绘画、图表、雕塑、碑刻、蜡像等实景布置，艺术地展示了文天祥光辉的人生历程。

但由于张居正作梗而数次落第，直到张居正死后的第二年，汤显祖才得中进士。在落第期间，汤显祖为发泄心中的郁闷而大量作诗作文，并写有半本《紫箫记》。

当时，朝廷腐败，民不聊生，生性耿直的汤显祖入仕后不愿与贪官污吏同流合污，因而仕途坎坷。在南京任职期间，他把《紫箫记》改作《紫钗记》，第一次运用戏曲做武器，讽刺时政。

1591 年，汤显祖因弹劾权臣申时行而被流放到广东徐闻县任典史，后虽做到遂川知县，但权臣当道，朝廷昏暗，于是汤显祖挂冠归里，从此

汤显祖塑像 >

由官场走向了剧场。

回到故乡临川后，汤显祖将他的沙井新居取名玉茗堂，作为他写剧本排演新戏的地方。归隐的当年，汤显祖就创作出了《牡丹亭》，接着又连续完成了《南柯记》、《邯郸记》，包括早年所作的《紫钗记》，东方戏剧史上划时代的杰出剧作——《临川四梦》诞生了。

汤显祖说："一生四梦，得意处惟在《牡丹》。"长达55出、配置230多支曲牌、塑造30多个各具特色的人物的《牡丹亭》，通过情与理的冲突，即杜丽娘、柳梦梅对自由爱情的追求，与杜宝固守程朱理学的封建道德观念的冲突，讴歌了绮丽动人的爱情，暴露了"存天理，灭人欲"的封建礼教的残酷性。其中尤以《惊梦》、《寻梦》、《拾画》、《玩真》、《魂游》、《回生》等书蜚声艺苑。

汤显祖知道，戏剧只有通过舞台演出，才能发挥其社会功能和艺术效果。他在精心写作剧本的同时，还从事戏剧演出活动。

献身曲苑的汤显祖，除了《临川四梦》，还挥洒出卷帙浩繁的诗词赋赞，流传下来的2200多篇诗文，辑成《红泉逸草》、《问棘邮草》、《玉

赣鄱英杰　群星璀璨

茗堂集》。他所著《宜黄县戏神清源师庙记》不仅是一篇重要的戏剧理论文献，也把地方剧——宜黄海盐腔推到了全盛阶段。同时，以汤显祖为首的临川派和江苏吴江派在文艺理论及创作上进行了长时期的争论。这场两种不同戏曲观的争鸣，大大推动了我国戏剧的发展。

正当汤显祖全身心投入艺术创作之中，以自己卓越的才华和见识登上我国伟大浪漫主义戏曲家舞台的时候，生活中的他却接连遭到不幸，两个儿子夭亡，良师李贽狱中自杀，父母相继逝去，这使汤显祖十分痛苦，忧愤伴随着他度过晚年。

20世纪中叶，汤显祖的剧作就不断地被翻译成各国文字，在国外争相上演，并很快在国外形成了一股"汤显祖热"。汤显祖与英国著名剧作家莎士比亚生活在同一历史时期，莎士比亚是英国的骄傲，汤显祖是中国的骄傲。东西方剧坛两颗光芒四射的巨星，互相辉映，光前耀后。

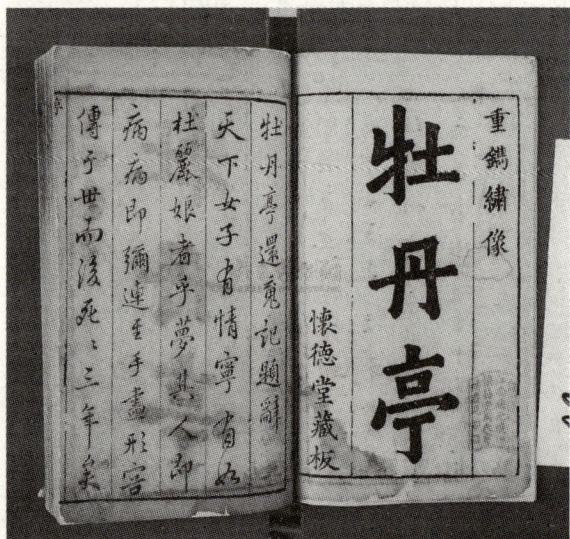

< 汤显祖《牡丹亭还魂记》

《牡丹亭》

　　《牡丹亭》是汤显祖的代表作，也是中国戏曲史上浪漫主义的杰作。作品通过杜丽娘和柳梦梅生死离合的爱情故事，洋溢着追求个人幸福、反对封建礼数的浪漫主义理想，感人至深。杜丽娘是中国古典文学里继崔莺莺之后出现的最动人的妇女形象之一，通过杜丽娘与柳梦梅的爱情婚姻，喊出了要求个性解放、爱情自由、婚姻自主的呼声，并且暴露了封建礼教对人们幸福生活和美好理想的摧残。《牡丹亭》以文词典丽著称，宾白饶有机趣，曲词兼用北曲泼辣动宕及南词宛转清丽的长处。明吕天成称之为"惊心动魄，且巧妙迭出，无境不新，真堪千古矣！"

昆曲青春版《牡丹亭》宣传海报 >

第九节　明代抗倭骁将邓子龙

邓子龙（1531—1598年），字武桥，号大千，丰城县（现丰城市杜市乡邓家村）人。邓子龙自幼喜骑射，爱武艺，习诗词，深受父母呵护与培养。嘉靖三十七年（1558年），27岁的邓子龙考中武举，同年应募从戎，次年即作为江西勇士选取领兵，赴福建、广东沿海作战，征讨倭寇。每次出战，邓子龙都一马当先，冲锋在前，英勇杀敌。为夺回被掳群众，他单枪匹马出城，亲斩倭首，使敌军闻声丧胆，望风而逃。因战功赫赫，邓子龙被任命为广东把总。

万历初年，邓子龙调任江西铜鼓石守备。当时，陇川宣抚司官员岳凤鸩杀官叛国，又勾结当地不法土司，投靠缅甸，齐集数十万兵马发动边境战争，大举侵犯云南。一时间，烽火连连，敌锋甚锐，边关告急，朝廷震动。神宗皇帝命邓子龙等人各率募兵，远道驰援。

邓子龙首抵永昌，随率军开赴姚关前线，筑坚营于关中，关外设五关。经过一个多月的积极准备，已严阵以待。十一月初三，敌大犯姚关，邓子龙率军擎旗举戈，使用火箭，大破敌阵，敌鬼哭狼嚎，落荒而逃；夜战攀枝花，似风卷残云，残兵败北奔命。万历十二年正月，邓子龙在湾甸智擒罕虔，二月直捣耿马三尖山贼巢，三战皆捷。邓子龙因平叛有功，晋升副总兵，子孙荫袭官禄，从此威震南疆。

邓子龙在云南戍边10年，先统领募军"姚安"营，后兼统"腾冲"营，将士达13000余人，其足迹踏遍边防山山水水。在战争之余，邓子龙帮助当地土族、傣族、回族等群众改进落后农具和耕作技术，大力发展农业生产，人民安居乐业，对邓将军更加感恩颂德，建有邓将祠，至今香火四时不绝。

明万历二十六年（1598年）四月，日本发动大规模侵朝战争，朝鲜的王京（汉城）、开城、平壤等地相继陷落，战火弥漫全国，并直接危及我国。朝鲜国王向明朝政府告急求援。明廷重兵援朝抗日，水陆四路并进，邓子龙任援朝水军副总兵，不顾年高体衰，毅然率江南精勇水师，联合朝军，充当前锋水军，与日作战。当日军进入伏击海域时，邓指挥军舰迅猛出击，火器齐发。敌船纷纷着火燃烧，烟焰弥天。邓子龙年过70，带壮士200名，跳上敌军战船，与日军展开战斗，"斩级不知多少，但见水为赤"。混战之中，明军战船不慎着火，日军趁势反攻，邓子龙身受重伤：左腿一枪，右腿两枪，小肚一枪，左手一枪，胸前一弹，英勇阵亡。首级被敌军割去领功，遗体由所带家将运回丰城，葬于故土。邓子龙殉国后，朝鲜国王亲自参加丧仪，当地群众为他立祠纪念，世代祭祀。

邓子龙督兵30余年，持重多谋，慷慨任事，身经百战，屡挫强敌，及至最后壮烈殉国，是一位功勋卓著的爱国名将。他那"义胆忠肝格鬼神"、"烽烟未息不计家"的爱国主义精神将永远为人民所称颂。

邓子龙为将博雅，有古儒风度，虽戎马倥偬，但揽胜赋诗未尝少辍，遗有诗集《横戈集》，收古风、律绝206首。同时有地理专著《风水说》、军事专著《阵法直指》。

第十节　中国的狄德罗宋应星

宋应星，字长庚，1587年出生于江西奉新县北乡雅溪牌坊村一户破落士大夫的家庭，排行第三，从小就接受了正统的封建教育。曾祖父时曾官至左都御史，为了重振曾祖时的风采，他父亲寄厚望于宋应星弟兄，希望他们能像曾祖父那样靠读书青云直上，官运亨通，功荫后辈。宋应星自幼聪颖过人，四五岁就能背诵许多韵语。经过刻苦学习，宋应星除了精读四书五经，学习八股文，还博览群书，历史、诸子百家、天文地理、农业、手工业、医学、兵法等书籍无不涉猎。他常对朋友们说："读更多书不单是为了应付科举，更重要的是治国济民。"

知识小百科

明代海禁政策

明代海禁政策始于明初，终于隆庆。明朝建立初期，明太祖朱元璋便开始实行海禁政策，主要目的是为了遏制东南沿海倭寇的侵扰，同时也为了阻止国内反动势力与外国势力相互勾结，以便巩固政权。在实行海禁的政策下，明朝为与各国保持联系，实行朝贡体制，通过朝贡贸易与各国保持政治上的联系，树立自身天朝大国的形象。

28 岁那年，宋应星与哥哥宋应升第一次到省城南昌应试举人，宋应星名列第三，与兄弟一起中举。应星兄弟初试成名，家乡百姓都引以为荣，尊应星兄弟为"奉新二宋"。

初试成名的喜悦，使宋氏弟兄"读书入仕"的热情更为旺盛。他们把参加科考当做自己走上仕途、实现"光宗耀祖"梦想的唯一之路。他俩先6 次赴京科考，先后十几年，但最后都以名落孙山而告终。宋应星此时不得不冷静地思考、调整自己了。他的思想和志趣发生了深刻的变化，他对科举功名淡泊了，萌发了撰写一部科技专著的念头。

为了实现自己的写作计划和挑起家庭生活的担子，1634 年，宋应星在离家乡不远的分宜县谋得县教谕一职。就在教谕任上，他开始了一生中最辉煌的写作时期。后来他又做过福建汀州府推官、安徽亳州知州等官，

1644年清军入关后，宋应星弃官回乡。无论身处何处，他都昼夜不分地写作，忘记了贫寒，放弃了交游，专心撰写《天工开物》。

　　宋应星冲破八股科举考试的束缚，致力于研究衣食学问，呕心沥血，终于在1637年写成了名著《天工开物》。《天工开物》共分18卷，全面记述了我国古代农业和手工业的生产技术和经验，并附有大量插图。书中记载和总结了五谷、纺织、染色、制盐、制糖、陶瓷、车船制造、采矿、榨油、造纸、五金、兵器、发酵、珠玉等方方面面的技术成就。其中不少是当时居于世界前列的工艺、装备和原理。如生铁淋口技术、炒铁技术、炼锌技术等。《天工开物》是一部反映中国古代农业和手工业技术成就的百科全书，为研究中国古代科学技术和社会经济保存了珍贵史料。该书问世后虽然在它的故乡——中国反响平平，但它在东邻日本风靡全岛。日本人目睹此书如获至宝，他们认为这是当时研究科学技术最优秀的参考书。在欧洲，德国、法国等国同学者先后介绍或摘译了《天工开物》的内容。达尔文称《天工开物》是研究科学技术的"权威"著作。英国著名科技史家李约瑟把法国百科全书派领袖狄德罗视为西方科技史的代表，把宋应星

宋应星像 >

看做东方科技史的代表，他的《中国科学技术史》丛书就大量征引了该书的资料，他称宋应星是"中国的狄德罗"。

《天工开物》先后被译成日、德、法、英、俄等国文字，成为一部在世界科技发展史上熠熠耀眼的宏篇巨著。

宋应星是个博学多才的人，除《天工开物》外，还有《野议》、《论气》、《谈天》、《思怜诗》等著作。大约在1660年，科技史上的巨人宋应星悄然长逝，死后没有墓碑，也未立传，但一部《天工开物》永远使他彪炳人间。

第十一节　中国铁路事业的先驱者詹天佑

詹天佑（1861—1919年），字眷诚，原籍婺源县，生于广东省南海县（现属海南省）。他的祖辈以经营婺源绿茶为业，到他父亲时，茶行破产，只

<《天工开物》"生熟炼铁炉"图

好以务农度日，家境日渐艰难。詹天佑从小聪明好学，对机器有特殊的兴趣，而对当时私塾念的"四书五经"和八股文章则提不起精神。受所处时代的影响，詹天佑幼小的心灵里早早播下了爱国的种子。

自幼聪明好学、成绩优异的詹天佑于1878年5月考入美国著名高等学府耶鲁大学，攻读土木工程系铁路科。在毕业论文《码头起重机的研究》中，詹天佑提出了很有学术价值的新观点，获得了很高的评价。

美国的留学生活更加坚定了詹天佑的爱国之心。他认为要使祖国富起来，必须尽快修筑铁路，发展经济。正是怀着这样一颗赤诚之心，詹天佑一完成学业便盼望着早日回归，以报效祖国。他谢绝了好心的劝告和挽留，结束了10年异乡寒窗的留学生活，毅然回到祖国。

詹天佑回国后，所学的知识并未立刻得到赏识，前后辗转7年，经留美同学的介绍，才来到中国铁路公司任工程师。詹天佑参加修筑的第一条铁路是关内外铁路。其中，工程进展至滦河，架设滦河大桥是关键，日本人、法国人都未成功，詹天佑果敢地承担了架桥重任，最终不负众望，并且得

詹天佑像 >

到各国在华洋匠的赞叹。

1904年，詹天佑担当了修筑京张铁路的重任，经过多次亲自考察，最终决定全线起丰台经居庸关、八达岭等地到张家口。难度最大的是南口到岔道城一段工程，必须在居庸关、石佛寺等处开凿4条隧道，总长1645米，其中八达岭隧道即长达1090米。当时既无凿山机械，亦无黄色炸药，詹天佑利用"竖井施工法"，开挖隧道，缩短了工期，打通了隧道。为解决青龙桥坡度大的难关，他设计了"人"字形路线。经过4年奋斗，1909年10月，第一条由中国人自己修筑的重要铁路——京张铁路终于全线通车。詹天佑得到了当局和各方面的高度赞扬。詹天佑从事铁路事业30多年，几乎没有一天离开过铁路，他的名字与中国铁路事业紧紧连在一起。

詹天佑在长期的奋斗中，处处表现出一个伟大爱国者的原则立场。张勋复辟时，曾邀请詹天佑担任复辟政府中的邮传部尚书（相当于交通邮政部长），被詹天佑严辞拒绝。在修建京张铁路时，詹天佑不畏权贵，坚持原计划线路，后来，在各方面的支持声援下铁路仍照原计划修筑。詹天佑对黑暗势力寸步不让，但对进步事业热情支持。1911年，辛亥革命爆发，公司不少人员纷纷离穗赴港，并劝他不要冒险留在广州，但他不为所动。在他坚定情绪的感染下，绝大部分人坚守岗位，在整个辛亥革命期间，列车照常通行。

詹天佑伟大的爱国主义精神，除了表现在为中国铁路事业殚精竭虑、坚韧不拔地奔波之外，还体现在与帝国主义分子的直接交往中的原则立场。他处处维护祖国的利益与尊严。在修筑京张铁路之时，他力排众议，顶住帝国主义列强的压力，坚决使用1.435米的国际标准轨距。他说，中国的真正统一要从铁路的轨距划一开始。

1917年俄国革命成功，美、英、法等帝国主义国家对俄国实行武装干涉，企图对西伯利亚和我国的中东铁路实行"监管"。1919年3月，他们在海参崴举行会议，中国政府派詹天佑为首席代表参加会议。当时詹天佑身患疾病，身体非常虚弱，但为祖国利益，仍抱病前往。会间，他不畏强权，义正辞严地反对中东铁路共管，力争驻兵权和管理权。此时，他病情加重，被迫急返武汉医治，住院 3 天即与世长辞，终年 59 岁。

∧ 婺源詹氏大祠堂暨詹天佑祖居纪念馆

京张铁路

　　京张铁路，1905年9月开工修建，1909年建成，共历时4年，全线201.2千米长。该铁路连接北京丰台，经八达岭、居庸关、沙城、宣化至河北张家口，这是中国首条不使用外国资金及人员，由中国人自行修建的铁路。该铁路总工程师是中国人詹天佑。

　　京张铁路是中国人民和中国工程技术界的光荣，是中国近代史上中国人民反帝斗争的一个胜利。在修建京张铁路的过程中，虽然有着无数的辛酸与艰辛，但詹天佑和京张铁路以及其蕴含的民族精神将永远成为中国人的骄傲。

< 詹天佑修京张铁路（雕塑）

第六章

江西的旅游胜地

　　江西有着丰富独特的旅游资源。作为江南丘陵中的一颗明珠,三面环山的地形使江西名山众多,奇峰怪石,悬泉飞瀑,庙宇遍布,寺观林立,风景秀丽迷人;作为革命老区的江西,见证了中国革命的产生和发展,众多的革命遗址遗迹为红色旅游的开发提供了无尽的资源;作为"文章节义之地",悠久的历史,淳朴的民风,古色古香的村镇更为江西增添了浓厚的人文气息。

∧ 三清山

我爱江西

第一节　匡庐奇秀甲天下——庐山

一、风景秀丽，大美庐山

　　庐山，又称匡山或匡庐，传说殷周时期有匡氏兄弟七人结庐隐居于此，后成仙而去，其所居之庐幻化为山，故而得名。庐山位于九江市南 36 公里处，北靠长江，南依鄱阳湖，"一山飞峙大江边，跃上葱茏四百旋"。庐山南北长约 25 公里，东西宽约 20 公里，山体面积 280 平方千米，大部分山峰在海拔 1000 米以上，主峰汉阳峰海拔 1474 米，云中山城牯岭镇海拔约 1167 米。庐山以雄、奇、险、秀闻名于世，1982 年国务院批准庐山

庐山 >

江西的旅游胜地

为国家重点风景名胜区，1996年冬联合国批准庐山为"世界文化景观"，并列入《世界遗产名录》。

庐山地处中国亚热带东部季风区域，面江临湖，山高谷深，具有鲜明的山地气候特征。这种独特的气候条件使雄奇秀拔的庐山云雾缭绕，胜似仙境，并产生许多神奇多彩、变幻无穷的气象景观，如云海、瀑布云雾、佛光等。山中多飞泉瀑布和奇洞怪石，名胜古迹遍布，每年7～9月的平均温度为16.9℃，夏季极端最高温度为32℃，凉爽宜人，良好的气候条件和优美的自然环境，使庐山成为世界著名的旅游风景区和避暑疗养胜地。

古人云"匡庐奇秀甲天下"，自司马迁将庐山载入《史记》后，历代诗人墨客相继慕名而来，陶渊明、谢灵运、李白、白居易、苏轼、王安石、陆游、徐志摩、郭沫若等1500余位诗人相继登山，留下了许多珍贵的名篇佳作。苏轼所写的"横看成岭侧成峰，远近高低各不同。不识庐山真面目，只缘身在此山中"，形象描绘了庐山的景色，成为千百年来脍炙人口的名篇。

庐山一年四季美景不断。春季庐山云缠雾绕，层层雾障，如轻纱，似薄幔，忽而抖开，漫布沟沟岭岭，置身其中，仿佛在升腾中来到太虚幻境，忽而聚拢，始露庐山真面目，方知脚踏凡境；夏天庐山气候凉爽，苍荫翠滴，鸟语花香。刚出门时还晴空艳阳，走几步便阴云四合，犹豫间大雨倾盆，欲躲避又雨住天晴。可欣赏到罕见的云海奇观、"东边日出西边雨，道是无晴却有晴"的美景。金秋的庐山秋高气爽，无遮无拦，近景远色尽收眼底，丛绿岳荫的枫树与星星点点的植被悄悄换上红色、桔黄色与赤金色的新装，夕阳西照，枫林似火的山崖间，白云红叶交相辉映，给人以"丹枫别有春"的感觉。庐山的冬天像一个奇特的琉璃世界，以雪映淞掩的玉崖琼楼构成了江南的北国风光。瑞雪纷飞，玉毯铺叠，冰柱倒挂，空中滴雾，玉树琼枝，梨花初放。雪后初晴，旭日出照冰峰，彤云荡琼琳，横峰侧岭间莹澈四射。

秀峰位于庐山南麓，是香炉峰、双剑峰、文殊峰、鹤鸣峰、狮子峰、龟背峰、姊妹峰等诸峰的总称。作为庐山五大丛林之一，秀峰奇山怪石林立，碧潭飞瀑遍布，摩崖碑刻如林，自古就有"庐山之美在山南，山南之美数秀峰"的美誉。鹤鸣峰下的秀峰寺原名开先寺，为南唐中主李璟所建，后清朝康熙皇帝手书"秀峰寺"赐予寺僧，从此改称秀峰寺。秀峰内著名的开先瀑布，犹如双龙舞空，倾泻于鹤鸣、行龟峰之间，唐代诗人李白曾有诗赞曰："日照香炉生紫烟，遥看瀑布挂前川。飞流直下三千尺，疑是银河落九天。"香炉峰缭绕的紫烟，开先瀑布飞腾的瀑布交相辉映，美不胜收。秀峰不但景色秀丽，而且还有人文历史遗迹。南唐中主的读书台、康熙南巡时的双桂堂、巨大的摩崖石刻，以及颜真卿、米芾、黄庭坚、王守仁、康熙皇帝等的真迹更是为秀峰增添了深厚的人文历史底蕴。

在风景秀丽的锦绣谷的南端，有一处参差如手的巨岩，名曰：佛手岩。在佛手岩的覆盖下，一座历经千年风化形成的岩石洞，神秘幽深，这就是著名的仙人洞。仙人洞高、深各约 10 米，洞中有一乳泉名曰"一滴泉"，常年滴水，浮空而落，千年不竭。相传，八仙之一的吕洞宾在此洞中修道成仙，洞中央"纯阳殿"内仍供奉着身佩宝剑、仙风道骨的吕洞宾雕像。且洞内时常云雾缭绕，犹如仙境，更增加了仙人洞的神秘色彩。1961 年，毛泽东到此一游，题诗云："暮色苍茫看劲松，乱云飞渡仍从容。天生一个仙人洞，无限风光在险峰。"由此，使得仙人洞更是蜚声内外。神奇的岩洞、深厚的底蕴使得仙人洞成为赏游庐山的必到之处。

仙人洞 >

< 美庐

　　"美庐"因曾是蒋介石的夏都官邸、"主席行辕"、"第一夫人"生活的"美的房子"而名扬海内外，它演化出的历史轨迹，与世纪风云紧密联系，无数的历史事件，无疑将这座小楼推上了显赫而又迷离的境界。这是一座绿荫掩映下的石木结构建筑，主楼为两层，附楼为一层，占地面积为455平方米，建筑面积为996平方米。值得一提的是整个美庐庭园占地面积近5千平方米，而精巧别致的美庐仅占不足十分之一，因此，宽敞幽静的庭园，绿荫掩映中的美庐，交相辉映，浑然天成，产生出一种和谐的美，给人视觉上、心理上一种潜在的诱惑，无疑令人浮想翩跹。

　　含鄱口位于庐山东谷含鄱岭中央，海拔1211米，左为五老峰，右为太乙峰。山势高峻，怪石磷峋，形凹如口，对着鄱阳湖，似乎要把鄱

< 含鄱口

阳湖一口吞下似的，故名含鄱口。含鄱口西侧为著名的冰川角锋"犁头尖"，对面为庐山最高峰汉阳峰，北面为庐山第二高峰大月山，南面为庐山第三高峰五老峰，山麓是中国第一大淡水湖鄱阳湖，湖光山色，相互比美。含鄱口上有一座方形楼台，名曰望鄱亭，这里就是庐山观看日出最佳之地。游客踏着晨光登上望鄱亭，依栏远望着呈现鱼肚白的天际。一望无涯的鄱阳湖上拉开了红色的天幕，天幕上金光万道，紫霞升腾。轻扬天际的密密云层，在霞光的印染下，犹如片片金鳞，霞光四射，分外壮丽迷人。

"不到三叠泉，不是庐山客。"三叠泉又名三级泉、水帘泉，位于庐山东南的五老峰下部。山中涧水由山口流出先注入大盘石之上，又飞泻到二级盘石上，再喷洒到三级盘石，形成三叠，气势如虹，蔚为壮观。三叠泉落差有 155 米，撼人魂魄。瀑分三叠，却各具特色，各异其趣。一叠直垂，涧水一倾而下；二叠弯曲，直入潭中；三叠抛珠溅玉。古人赞曰："上级如飘雪拖练，中级如碎玉摧冰，下级如玉龙走潭。"抬头仰望三叠泉宛如白鹭千羽，上下争飞，令人叹为观止。"匡庐瀑布，首推三叠"，因此三叠泉又被誉为"庐山第一奇观"。

小天池位于庐山牯岭北面，因山顶之池水终年不溢、景色秀丽而得名。小天池山地势峻拔，登临山顶，极目远望令人心旷神怡。池后山脊上屹立着的白色喇嘛塔，更给这座秀美的山峰增添了人文气息。小天池山的对面矗立着一座怪石，远观之如雄鹰引吭，鹰首有巨石叠就，一石伸出鹰嘴，因而名曰：鹞鹰嘴。山南麓有一峰凌空突出，下临深壑。峰顶悬崖上有一伞顶圆亭。步入亭中，长江似一条白色缎带，飘忽在天际。山脚是深谷，形如一把打开的剪刀，名剪刀峡。峡中溪流淙淙，松篁翠翠，怪石嶙峋，幽雅秀美。小天池是牯岭观日出、晚霞、云海等奇观最佳的地方之一。登临山顶，宛如坐上一架直升飞机，盘桓在庐山的上空，青山碧水，红瓦苍崖，历历在目，令人纵横浮想，思绪万千。

在芦林湖畔，有一栋中西合璧的别墅式建筑，那是毛泽东在庐山期间曾住过的地方，人称芦林别墅。因房号是 1 号，故亦称"芦林一号"。别墅系 1961 年兴建，单层平顶，中有内院，总面积 2700 平方米。1984 年改成博物馆馆址。新中国成立前庐山各栋中外别墅中的精品、陈列品和历史文物是馆藏中的主要组成部分。博物馆的展品中，特别引人注目的是清代画家许从龙历时 6 年所绘制的《五百罗汉图》。原画共有 200 幅，几经战乱，只剩 110 幅，后经多方搜集又找回两幅，现共有 112 幅，都存放在博

知识小百科

五老峰

五老峰地处庐山东南，因山的绝顶被垭口所断，分成并列的五个山峰，在远处眺望犹如五位席地而坐的老翁，故人们便把这五个山峰统称为"五老峰"。五老峰根连鄱湖，峰尖触天，海拔 1358 米。云雾时，它好像腾云驾雾的五仙翁，高高腾起于半空的云雾之中。历代许多诗人名士来到五老峰，无不为这里的瑰丽景色所迷恋，留下了不少赞美的诗篇。唐朝大诗人李白曾在这里留下一首千古绝唱：庐山东南五老峰，青天削出金芙蓉。九江秀色可揽结，吾将此地巢云松。

< 五老峰

物馆内。博物馆内展出历代名瓷中的精品，有汉代的青瓷、唐三彩、宋影青瓷、明青花瓷、清斗彩瓷，特别是明清的展品，都柔润细腻，非常精美。博物馆内还收藏了蒋介石用过的"蒋"字瓷盘宋美龄的象牙柄扇以及蒋介石50岁辰时官僚们赠送的佩剑和铜砚。此外，馆中还藏有青铜器、陶器、工艺品、金石篆刻、历代钱币等藏品，其中也有许多是难得的珍品。

二、植物博物馆——庐山植物园

庐山植物园，原名庐山森林植物园，位于庐山东南的含鄱口山谷中，从含鄱口沿石阶而下走数百米即抵植物园大门。庐山植物园处在群山环绕之中，地形起伏，土壤肥沃，气候湿润，降水丰沛，非常适宜植被的生长。它是我国唯一的亚热带高山植物园，面积4400多亩，由我国著名植物学家胡先骕、秦仁昌、陈封怀等教授于1934年创建，也是我国历史最为悠久的植物园，被誉为"华夏之园"。庐山植物园的创建为庐山的植物区系增加了许多外来成分，为中国的植物学科研究增添了一支生力军，也为庐山平添了一道风景。

庐山植物园是以植物学联系农业、林业、园艺、药物等方面的综合性科研中心，主要以研究灌木为主，同时还研究茶、果、园林、药用植物等，着重于引种驯化工作，我国十大名茶之一的庐山云雾茶，其真品就是产自庐山植物园。经过几代人的不懈努力，庐山植物园从国内外引进驯化了3400多种植物，储藏植物标本10万多号，其中尤以杜鹃和松柏最为出众。植物园收集培育了国内外300余种杜鹃，每逢杜鹃盛开的时节，万紫千红，如花似锦。在植物园中，被称为"活化石"的中国水杉繁殖了近万株，此外，植物园还种有日本的冷杉、英国的云杉、北美的池杉、美国的花旗松、欧洲的落叶松、日本的金松、大洋洲的黑松等等。3000多种植物飞翠溢绿，郁郁葱葱。佳木奇树的秀色带来了他乡异域的风韵；异花珍卉的芬芳，带来了天涯海角的深情。庐山植物园除了与国内各植物科研单位建立密切的合作关系外，还与世界上68个国家的近300所科研机构建立了联系，在国际植物学界具有巨大的影响。

庐山植物园不仅是科研教育基地，还是生态旅游胜地，这里群峰罗列，清泉淙淙，环境十分优美。园区将科学研究的品种布局与园林的建设结合起来，按照植物的自然群落和不同生态，分成杉柏区、树木区、岩石园、翠花园、温室区、沼泽植物区、苗圃、云南雾茶园、猕猴桃引种区、药圃等11个展区，供游客游览观赏。我国老一辈无产阶级革命家毛泽东、周恩来、朱德，国家领导人江泽民、李鹏等以及著名科学家杨振宁、李政道等都曾来园视察指导，植物园每年接待近百所高等学校学生实习，接待参观者达数十万人次。

历经60多年的风雨沧桑，经过几代植物学工作者的不懈努力，庐山植物园已发展成为集引种驯化、保护保存与开发利用植物资源于一体的教育科研基地，成为松青柏翠、万物竞发的著名旅游胜地。

三、古代高等学府——白鹿洞书院

白鹿洞书院位于庐山五老峰东南的山谷中，是我国最早的高等学府之一。全院占地面积3000亩，建筑面积3800平方米。山环水合，幽静清邃，为中国重点文物保护单位。书院"始于唐、盛于宋，沿于明清"，至今已有1000多年。

唐贞元年间（785—805年），李渤隐居这里读书，养一白鹿自娱，鹿通人性，经常随他出入，人称白鹿先生。后李渤任江州（今九江）刺史，便在白鹿筑台榭，植花木，而山峰在李渤读书处汇成环形，就像一个天然山洞，所以这个地方就叫白鹿洞。

唐朝末年，不少学者就在白鹿洞教书讲学。南唐李氏朝廷在这里正式建起"庐山国学"，白鹿洞便成为一所与金陵秦淮河畔国子监相类似的学校。

白鹿洞书院 >

到了宋朝初期，庐山国学扩大为书院。到 1008 年时，白鹿洞书院生员有近百人，白鹿洞与湖南岳麓、河南睢阳、湖南石鼓一起被称为全国四大书院。

1179 年，宋代大理学家朱熹奏请宋孝宗皇帝的同意，重建被战火焚毁的白鹿洞书院。朱熹严格按孔孟的儒学教育规范办学，还亲自在书院讲学，著名学者陆九渊等人相继到这里讲学。白鹿洞书院成为他们宣扬理学和聚集门徒的重要场所。经过朱熹的苦心经营，白鹿洞书院名声大震，达到历史鼎盛时期，成为海内第一书院和我国古代学术讨论及教育研究中心。

到了清朝，康熙皇帝将亲自书写的"学达性天"匾额和《十三经》、《二十一史》、《古文渊鉴》、《朱子全书》、《周易折中》等珍贵图书赠送给白鹿洞书院，朝廷的官吏、大员也纷纷仿效皇帝，募资捐田，白鹿洞书院的发展又出现一个高潮。以后便渐渐萧条，1910 年改为林业学堂，直到 1979 年才重新兴建白鹿洞书院。

1988 年，白鹿洞书院被列为全国重点文物保护单位。白鹿洞书院现存建筑群沿贯道溪自西向东串联式而筑，现在有礼圣殿、礼圣门、御书阁、宗儒祠、思贤台、明伦堂、先贤祠、朱子祠、枕流桥、朋来亭等许多古色古香的建筑，建筑体均坐北朝南，石木或砖木结构，屋顶均为人字形硬山顶，颇具清雅淡泊之气。此外，还有碑廊一座，壁间有宋、元、明、清历代题咏碑刻 130 多块，是一座书法艺术宝库。

　　　　　　　　　　　　　　江西的旅游胜地

中国古代四大书院

书院是唐宋至明清出现的一种独立的教育机构，是私人或官府所设的聚徒讲授、研究学问的场所。四大书院的说法最早由宋末的马端临在其《文献通考》一书中提出，后世也提出六大书院、八大书院的说法，但广受认可的四大书院是指：湖南衡阳石鼓书院、江西白鹿洞书院、湖南岳麓书院、河南应天书院，合称中国古代四大书院。

第二节　革命摇篮——井冈山

井冈山位于江西省的西南部，地处湘赣两省交界的罗霄山脉中段。井冈山山高林密，沟壑纵横，地势险峻，层峦叠峰，飞瀑流泉，云海磅礴，杜鹃长廊十里绵延，素有"井冈山下后，万岭不思游"的美誉。

井冈山是一座充满神圣、富有传奇的红色名山，也是一座山水秀美、物种丰富、景观奇特的生态名山。她被誉为"中国革命的摇篮"、"中华人民共和国的奠基石"；她又是首批国家 5A 级风景旅游区、全国文明风景旅游区、国家级重点风景名胜区。

井冈山集革命人文景观与旖旎的自然风光为一体，革命胜迹、壮丽河山交相辉映，光照千秋。井冈山风景名胜区总面积 213.5 平方公里，分为茨坪、黄洋界、龙潭、主峰、桐木岭、湘洲、笔架山、仙口八大景区，60多个景点，320多处景观景物。景观分为八大类：峰峦、山石、瀑布、气象、溶洞、温泉、珍稀动植物及高山田园风光，还较好地保存了井冈山斗争时期革命旧址遗迹 29 处，其中 10 处被列为全国重点文物保护单位。

井冈山 >

　　井冈山景区属山岳型风景名胜区，景观景点集雄、奇、险、峻、秀、幽的自然风光特点，景区处于中亚热带湿润季风型气候区，雨量充沛，气候宜人，夏无酷暑，冬无严寒，年平均温度为14.2℃。是从事爱国主义教育、学习革命传统、旅游风光、避暑疗养的理想之地。

　　井冈山群峰巍峨，风光旖旎，景色秀丽，令人美不胜收，流连忘返；遍布各处的革命遗址遗迹诉说着那段艰苦卓绝、可歌可泣、气势恢宏的烽火岁月。

　　茨坪坐落在井冈山主峰北麓的群山之间，是一块面积20平方公里的高山盆地，曾是井冈山市的政治、经济、文化以及交通中心，也是井冈山地区革命旧址最为集中的地方，拥有井冈山革命博物馆、茨坪革命旧居群、

茨坪 >

五大红军哨口等一大批革命遗址。1927年10月，毛泽东率部队到达这个井冈山最大的村庄，并驻军于此，井冈山革命根据地的党、政、军领导机关和后方单位也曾一度设在这里，于是茨坪就成为当年井冈山革命根据地的中心，毛泽东在这里领导指挥着工农红军创造了一个又一个的胜利。

现在，作为井冈山风景区的中心景区、美丽的花园城市，茨坪成为连接各个景区的枢纽，从茨坪到各个纪念地及主要风景游览点都有道路相通，茨坪也成为井冈山旅游的必经之地。

黄洋界在茨坪西北17千米处，海拔1343米，巍峨峻拔，峰峦叠嶂，地势险峻，气象万千，时常弥漫着茫茫的云雾，好像汪洋大海一望无际，故又名"汪洋界"，是人文和自然景观相结合的著名景区。1928年8月30日，著名的黄洋界保卫战就发生在这里，我工农红军以极少的兵力获得了巨大的胜利，毛泽东著名的《西江月·井冈山》一词就是为这次伟大的战斗胜利而作，至今还镌刻在黄洋界保卫战纪念碑上。如今黄洋界还保留着当年的哨口工事、红军营房以及毛泽东、朱德和红军战士从宁冈挑粮走过的小路及路边的树木。黄洋界，十里横排，高山叠影，雄伟险峻，一望无际。1965年5月，毛泽东在诗词《水调歌头·重上井冈山》中写道："过了黄洋界，险处不须看。"黄洋界群山起伏，雄伟磅礴，日出夕照，景色瑰丽；

< 黄洋界

雨后的黄洋界，还可看到彩虹自脚下而起，经天的七彩拱桥，一直伸向山那边的湖南省界。此外，在这里还可以观看到日出、峰峦、云海、杜鹃等绚丽的自然景观。

八面山位于井冈山西面，坐落在茨坪西北 19 公里湘赣交界处，海拔 1848 米，东和大井盆地相连，西与湖南为邻，南同双马石遥望，北与黄洋界衔接，是井冈山连接湖南酃县的重要通道。八面山道路崎岖，山体凸凹不平。站在峰顶可以眺望方圆数十里的风光胜景。1928 年 4 月，井冈山军民在这里修筑了坚固的工事，设有钉阵、壕沟等防线，并筑有红军哨棚。依托有利的地形，八面山哨口是井冈山五大哨口中山势最高峻、气势最雄伟的山岭。1929 年 1 月，反动军阀发动了对井冈山根据地的第三次"围剿"，并集中重兵围攻八面山哨口，当时坚守哨口的红军战士，面对优势敌军的进攻，冒着严寒，苦战三昼夜，最后因弹尽粮绝，大部分壮烈牺牲，谱写了一曲悲壮的英雄史诗。

主峰景区包括：五指峰、水口、双马石和荆竹山。

五指峰，又名井冈山主峰，山峰并列如五指，因而得名。五指峰位距茨坪西南 6 公里，海拔 1586 米，是自然与人文景观相结合的景区。景区内山峦叠峰，沟壑纵横，飞瀑展练，动植物物种特别丰富，是一个有山、有水、有林、有洞、有鸟兽的原始深秀的旅游景区。此外，景区中的五指峰瀑布落差有 200 米，涓白灵动，是井冈山落差最大的瀑布。四季如春的气候条件和风景如画的高山流水，使五指峰景区成为旅游观光、避暑消夏的绝佳之所。

水口在五指峰左侧，距茨坪 9 公里。这里风光极美，尤以曲溪幽谷、碧潭峰峦和杜鹃林为胜。主要景点有水口河谷、金牛戏水、百叠泉、彩虹瀑（飞龙瀑）、锁龙潭、藏星岩、龙门等。尤其是彩虹瀑布，作为井冈山两大主瀑布之一，每当夏季上午 8 时至 11 时，阳光照射瀑布上，便会出现七色彩虹，叠现在瀑布中，五彩斑斓，瑰丽鲜艳，并随游人的上下移动而变换其位。

　　　　　　　　　　　　　　　　　　江西的旅游胜地

井冈山革命博物馆

井冈山革命博物馆坐落在当年井冈山军事根据地中心的茨坪。砖瓦结构、飞檐挑角，整个建筑既有秀丽典雅的南方特色，又具古香古色的民族风格。它建成于1959年，是我国第一个地方性革命博物馆，馆名为朱德同志所题写。

井冈山革命博物馆是一个全面陈列和宣传井冈山革命根据地斗争历史的综合馆。建筑面积3065平方米，陈列面积2000余平方米，有7个展厅和1个影视厅，珍藏革命文物6324件，文献资料5000余份，历史图片4000多幅。此外，还珍藏着党和国家领导人毛泽东、朱德、邓小平、江泽民、胡锦涛等视察井冈山的照片和题词。馆内珍藏着毛泽东、朱德和其他老红军战士重上井冈山的电视记录片，以及一批全国社会各界著名人士的书画墨宝真迹。

博物馆通过大量的历史文物和翔实的历史资料再现了那段艰苦卓绝的井冈山斗争历史。如今，井冈山革命博物馆已成为人们进行爱国主义和革命传统教育的生动课堂，在社会主义精神文明建设中发挥着重要作用。

< 井冈山革命博物馆

除革命纪念地外，井冈山还有许多风景点，位于茨坪西北 7 公里的翡翠谷，即龙潭风景区，以飞瀑碧潭、奇花异树著称，是井冈山最重要的风景区，景区内的碧玉潭瀑布，壮丽秀美，凌空飞泻，高达 67 米。与翡翠谷相连的是金狮面景区。区内奇峰怪石林立，有回音壁、一线天、琴台、金龟击鼓等著名景点。

第三节　道教祖庭——龙虎山

龙虎山景区面积达 200 平方公里左右，主要分布于泸溪河（又名上清河）两岸，风景秀丽。有 99 峰、66 岩、108 处自然和人文景观，20 多处神井丹池和流泉飞瀑。景区内红崖碧水，奇峰怪石，山秀水媚，花繁林茂，名胜古迹遍布，文物众多，成为人们寻幽探奇的旅游胜地。源远流长的道教文化、独具特色的碧水丹山和规模宏大的崖墓群构成了龙虎山风景旅游区自然景观和人文景观的"三绝"。

龙虎山水源丰富，云雾流荡，古木参天，异草遍地。据初步调查，这里的植物种类达千种以上，鸟类资源也异常丰富，是一处罕见的珍稀濒危物种的避难所和栖息地，具有重要的生物多样性价值。这里，保存有完整的低海拔常绿阔叶林森林生态系统和世界极具濒危鸟种——中华秋沙鸭的最大越冬群体。"重到西溪路，渔舟入翠微。青山花里出，白鹭镜中飞。"这是对龙虎山自然生态环境的真实写照。

龙虎山的峰峦岩穴经过亿万年的风化剥蚀、地壳构造变动及造山运动的作用，形成了千姿百态的奇峰秀岩。并且岩质大多为鹅卵石、砂粒胶结而成的坚硬的沉积堆积，在地质上有一定的研究价值。龙虎山石大者如峰峦，小者如实物，它们形态各异，惟妙惟肖，从不同的角度观赏，有着移步换形、变幻莫测的效果。

龙虎山是世界丹山碧水类丹霞峰林地貌景观自然美的杰出代表，其俊秀的丹霞石峰、石柱及组合是世界珍稀微地貌景观的典范，更是丹霞景观与历史文化完美融合、人与自然和谐共生的典型例证。龙虎山的丹霞地貌类型齐全、典型、精美、珍稀，素有"丹霞仙境"之称。其成因多样，种类丰富，序列完整，拥有一整套富有典型意义的丹霞微地貌景现，包括峰墙、石林、峰丛、方山、崖壁、线谷、嶂谷、穿洞、圆丘等多达23种类型；丹霞与泸溪河、清水湖山水相依，组成碧水丹山的天然画廊，有景点170多处，美学价值极高。

龙虎山山清水秀，一条明镜似的泸溪河自福建光泽县而来，合贵溪南乡36股清溪水，经象山顺流直下，绕上清宫和天师府门前，经龙虎山至余干瑞洪入鄱阳湖。游客如从象山登船，一路舟楫畅通无阻，可览两岸山岩绝景，观四处奇异风光。其水深处，碧波粼粼，篙不及底；水浅处，清澈透底，游鱼可数；水急处，如箭离弦，拍岩飞花；水滞处，平光如镜，亮可照人。真不愧称为"仙灵都会"。

"百神受职之所"的大上清宫，始建于东汉，是我国最古老的、规模

< 龙虎山

我爱江西

160

最大的道宫之一。距上清宫下约 2 华里处，便是"嗣汉天师府"。它规模宏大，建筑瑰丽，历史上称之为"龙虎山中宰相家"。山下的"正一观"，自西晋时开始建庙，是宋代以来江南道教的聚会中心；位于龙虎山之东的象山，曾是古代著名的"象山书院"所在地，由南宋哲学家陆九渊创立的"象山学派"，对我国古代哲学思想的发展有着深远的影响。此外，龙虎山地区已发现的春秋战国时期古越族岩墓有近百座之多，为国内所罕见。这些名胜、古迹和文物，对研究我国的道教发展史及古代民族史、哲学史、文化史和古建艺术，都具有较高的价值。

　　龙虎山雨量充沛但不潮湿，云奔雾涌却不昏晴，适应一年四季游览。春季，溪流泛桃花；夏季，寒泉飞雨龙；秋季，金菊放幽香；冬季，洞穴暖春帐。它的奇景秀色吸引着历代名流学者到此滞留徘徊，从唐至宋，皮日休、苏东坡、曾巩、王安石、陆九渊、文天祥，还有元代的赵孟頫等，都为龙虎山留下了大量的诗文和众多的碑刻。仅赵孟頫一人，就为龙虎山留下了 25 块刻碑，其书法造诣极高，堪为书法艺苑中之珍品。此外，历代天师在上清宫还留下了大量的医学、天文、地理、历法、气象、书画等珍贵的有价值的研究资料。

龙虎山 >

江西的旅游胜地

第四节　峰林奇观——三清山

　　三清山素有"小黄山"之称，位于江西省上饶市东北部，雄踞怀玉山脉的中段，周围200余平方公里，因玉京、玉虚、玉华三峰峻拔，宛如道教玉清、上清、太清三位最高尊神列坐山巅而得名。三清山集天下奇景于一地，雄奇瑰丽，秀绝江南，是我国南方道教胜地之一。

　　三清山以罕见的自然风光和悠久的道教文化相映生辉，前人赞它为"高凌云汉江南第一仙峰，清绝尘嚣天下无双福地"。三清山集天地之秀，纳百川之灵，是华夏大地的一朵风景奇葩。她兼具"泰山之雄伟、黄山之奇秀、华山之险峻、衡山之烟云、青城之清幽"，被国际风景名家誉之为"世界精品、人类瑰宝、精神玉境"。经历了14亿年的地质变化运动，历经风雨沧桑，三清山形成了举世无双的花岗岩峰林地貌，"奇峰怪石"、"古树名花"、"流泉飞瀑"、"云海雾涛"并称自然四绝。

　　三清山山高谷深，林密树茂，气候湿润多雨，因此山上常年云雾缭绕。三清山一年中大约有200多个雾天，云雾使千山万壑浓淡明灭、变幻莫测，云雾被山风所卷，时聚时散，聚拢时，便出现了浩瀚无际的云海，尤其在日出时分更是群峰竞秀、气象万千。

　　三清山景区由南清园、万寿园、西海岸、阳光海岸、三清福地、玉京峰、三洞口、西华台、玉零观、石鼓岭等景区组成，拥有55个景点，237处景物景观，252处石雕石刻，中心景区总面积71平方公里。三清山东险西奇，北秀南绝。因山势险峻，故人为破坏极少，山上所有景色处处显露出鸿蒙初辟的痕迹，兴趣盎然。其中尤以奇峰、怪石、古松、响云、彩瀑神光、幻景石雕和原始

三清山 >

森林为奇绝。这里奇花争艳，除了高山杜鹃外，一年四季都有花果飘香。每年5月，野生杜鹃花竞相开放，漫山遍野的鲜花分外让人心醉。

三清山最美的日出是在雨后。而观日出的最佳地点则是在海拔1500米的南清园玉台。

冬季里，三清山的雾凇美景洁白如玉、千姿百态。昔日连片葱郁的高山上，玉树银花，银妆素裹，整个山林犹如掩盖在白纱帷幔中，好似一幅天然而成的群雕画。

西海岸景区位于三清山的西部，是三清山观景最为开阔的景区，平均海拔1600米。景区漫步道由一条全国最高、最长的高山栈道构成。栈道全长3000余米，悬挂于1600米高的悬崖绝壁之上。行走在这壁立千仞、万鸟飞绝的栈道上往下看，云海、林海、花海、竹海、石海尽收眼底。

"揽胜遍五岳，绝景在三清。"三清山的奇峰巧石是天地造化的惊人之作；浮云伴着几缕轻烟若隐若现，变幻莫测。悠然漫步山中石径，仿佛置身于天上人间，随云飘渺，如诗如画，魂牵梦萦。

阳光海岸位于三清山的东部，是三清山后期开发的高空栈道景区。全长3600米，平均海拔1600米。穿行在阳光海岸之上，脚踏浮云，身披雾纱，犹如遨游于仙景之间。

阳光海岸与西海岸、三清福地两大景区形成一条高空环形旅游线路，是观赏三清山东部美丽风光的最佳之处。其中最让人叫绝的奇观有：日出、

<三清宫

壮阔云海、百里松林、惊险刺激的索桥、透明玻璃观景台、幽深峡谷、不同角度的东方女神和巨蟒出山等。

三清山是南方的道教名山，相传在 1600 多年前，东晋道学家葛洪便在此结庐炼丹，现山上仍有葛洪的炼丹炉、铸铁炉、炼丹井等，还有宋代的老子宫观、福龙观、韩玉咎故居和元代的三清观遗址及明代的三清宫、龙虎殿、玉灵观等古建筑 50 多处。这些古建筑古朴粗犷，工艺高超，它们与神奇的自然景观融为一体，更为三清山抹上了几笔神秘的色彩。

三清山有十大绝景奇观：蒲牢鸣天、三龙出海、神龙戏松、葛洪献丹、观音赏曲、老道拜月、猴王观宝、玉女开怀、巨蟒出山、东方女神。三清山一年四季野生花卉竞相争艳，一年四季都有看不完的美景，游人们将此称之为"天赐旅游胜地"。

第五节　候鸟天堂——鄱阳湖

鄱阳湖候鸟保护区位于赣江修水、西河交汇处的鄱阳湖滨、永修县吴城镇附近。候鸟保护区面积约 90 平方公里，由大湖池、中湖池、沙池、

我爱江西

蚌湖等大小10个湖港、湖汊、湖湾组成，春夏洪水时这一带连成一片，冬季枯水时各港、汊、湾便独自成湖。由于水草茂盛，鱼类丰富，气候适宜，无工业污染，从而成为世界候鸟的最大的越冬栖息地。

每年冬季枯水期，鄱阳湖湖水面积只有汛期的九分之一，鄱阳湖露出大面积的湖洲、草洲，形成众多的小湖泊。这里人烟稀少，气候适宜，冬天1、2月水温为8.7℃和3.6℃。大量的螺蚌和水生植物的根、茎是鸟儿喜爱的食物，大片大片望不到边的芦苇丛又为候鸟提供了安全的生活环境，候鸟可在宽广的湖滩、草洲上嬉戏、觅食，温暖而舒适地度过寒冷的冬天。

每年10月，大量的候鸟包括白鹤、天鹅、白头鹤、白枕鹤、白鹤、黑鹳、大鸨、鹤嘴鹬和大雁等陆续从青海湖、北大荒和西伯利亚等地飞行5000公里南下，到这里越冬。翌年三四月份才北归。为保护来鄱阳湖过冬的珍禽异鸟，1983年6月，约90平方公里的鄱阳湖面被划成了候鸟保护区，这里成了候鸟的天堂。来鄱阳湖的候鸟也越来越多，由最初的150多种增加到现在的300多种。据初步统计，保护区有珍禽异鸟150余种，其中属国家一类保护的有白鹳、黑鹳和白鹤3种，为国家二类保护的有天鹅、灰鹅、白枕鹤、白头鹤4种，为国家二类保护的有天鹅、灰鹅、白枕鹤、白头鹤、鸳鸯、鹈鹕6种，属国家三类保护的有中华丘沙鸭、班头雁、大鸨3种。既有越冬候鸟，也有长住珍禽。特别是世界濒临灭绝的白鹤，在保护区过冬的数目由原来的400只增加到近3000只，也就是说，世界上98%的白鹤是在鄱阳湖过冬的。因此，鄱阳湖候鸟保护区也被人们称为"鹤乡"。

由于鄱阳湖良好的生态环境，珍禽鸟类又受到国家保护，鄱阳湖现已成为白鹤等珍禽的乐园。在蓼南和吴城观鸟站用高倍望远镜扫视湖中的群鸟，候鸟王国可展示在眼前。无数只色彩鲜艳的候鸟上下飞腾，时而掠过水面，直向高空奋飞，时而盘旋俯冲，钻入水底觅食。高贵的白天鹅有的鼓动双翅，嬉戏追逐；有的昂然挺胸，游弋徘徊；有的闭目养神，安然入睡。好客的野鸭，

< 鄱阳湖

列队整齐，犹如两条黑色的长龙，夹道欢迎远方的客人。洁白的鹤群喜欢一个家族聚居在一起生活，享受天伦之乐。湖区候鸟又似是一个庞大的乐团，大鸨鸣声响亮，大雁歌喉激越，野鸭音色清脆，夫唱妇随的鸳鸯，甜润的情歌，唱着啁啾动人，湖滩上呈现百家歌手争献技艺的热烈场面。

第六节　地下艺术宫殿——龙宫洞

　　龙宫洞在江西北部的彭泽县，它是一个天然山底溶洞，全长 1700 米。洞中地下暗河终年流水不断，大量的钟乳石、石笋、石柱、石幔、石花等沉积物，经水溶解构成千姿百态、奇异瑰丽的溶岩景观。因为有许多景观类似小说《西游记》中东海龙宫的场景，所以，这个溶洞取名为龙宫洞。龙宫洞的主要景点有龙门、东宫、西宫、鼓乐厅、水晶宫等。

　　龙门在龙宫洞外，实际上是一座巨大的天生拱形桥，龙门旁有一道清泉流入"龙泉池"。池水中有两条水泥做成的红鲤鱼，正想跳过龙门。龙宫洞内溶岩的各种造型，加上彩灯、光影的色彩效果，一幅幅生动盎然、妙趣横生的景观就呈现在游人面前。

我爱江西

在龙宫洞前宫，迎接游人的是面带笑容的三位"海寿星"。在东宫洞壁上，石纹、石珠、石花、石球，或是乳白、鹅黄，或是桃红、草绿，色彩纷呈，五光十色，是东海绚丽多彩的"叠彩壁"。在西宫内，有东海龙王的"定海神针"，它是一根由石笋、石乳紧密相连而成的巨大石柱，柱上花纹密布，雕龙刻凤，使人想起那根被孙悟空借走的龙宫宝贝。在鼓乐厅有一个龙钟，游人逐片敲击，钟乳石会发出不同的声响。从龙钟往前走，有一根巨大的圆锥形石笋，高30米，好像一个倒挂的金钟，这座天然"金钟宝塔"只有1米悬空，塔底垂挂着无数条带子似的石钟乳，就像飞流而下的瀑布，奇特壮观。

水晶宫是龙宫的主体，它是一个天然大厅堂，弧拱顶上钟乳石像无数宫灯，四周有如画如雕的岩壁，地面波纹重重。水晶宫中间有"龙王宝座"，它的左边有华表似的擎天石柱，右边有龙鼓、龙鼎、海狮、海龟等物，俨然一派龙宫景象。

龙宫洞 >

第七节　江西第一楼——滕王阁

滕王阁位于南昌市沿江路赣江边上，是江西著名的风景点，人们把它与湖北的黄鹤楼、湖南的岳阳楼一起称作江南三大名楼。

滕王阁是在 1300 多年前由唐太宗的弟弟滕王李元婴在洪州 (今南昌) 当都督时兴建，所以叫滕王阁。历史上有很多赞美滕王阁的诗词文章，其中以初唐四杰之一的王勃最为著名，他在路过南昌时，写下了轰动文坛、传诵千古的《滕王阁序》，用"落霞与孤鹜齐飞，秋水共长天一色"来赞美他登滕王阁时看到的壮丽景色，滕王阁因此天下闻名。

从 653 年李元婴修滕王阁后直到现在，滕王阁曾多次遭到毁坏，先后修建了 29 次。现在看到的滕王阁是 1989 年仿照宋代滕王阁式样建成的，

< 滕王阁

它的主楼耸立在象征古城墙的二层大台座上，东面、南面、北面有三个门洞可到达大台座。滕王阁主楼坐西朝东，南北对称，净高57.5米，建筑面积约1.3万平方米，上下七层，是"明三暗七"格式，即三层平座回廊、四层檐口。也就是说，一、三、五层是明层，大厅外四周都有走廊供游人凭栏远眺，游人可以在这里体会王勃《滕王阁序》中霞鹜齐飞、水天一色的美丽意境。二、四、六、七层是暗层，采用人工采光、通光设施，四周没有走廊。在二、四层大厅内陈列着江西的历史文物和大型壁画，反映江西"人杰"、"地灵"的历史。游人最高可以登到六层，那儿有古戏台，游人可以边休息边观看小型文艺演出。

知识小百科

中国四大名楼

中国四大名楼是湖北武汉的黄鹤楼、湖南岳阳的岳阳楼、江西南昌的滕王阁和山东蓬莱的蓬莱阁。历代名人如崔颢、李白、白居易、陆游等先后来黄鹤楼游览、吟诗、作赋，其中。唐代诗人崔颢登上黄鹤楼写下了一首千古流传的名作："昔人已乘黄鹤去，此地空余黄鹤楼。黄鹤一去不复返，白云千载空悠悠。晴川历历汉阳树，芳草萋萋鹦鹉洲。日暮乡关何处去，烟波江上使人愁。"滕王阁位于赣江之滨，是一座声贯古今、誉播四海的千古名阁，素有"江西第一楼"之称。滕王阁有很大名声，很大程度上与王勃的《滕王阁序》有关。

第八节　龙虎山嗣汉天师府

嗣汉天师府,亦名"大真人府",位于鹰潭市上清镇,是为主领三山符箓、蜚声中外的龙虎山天师道祖庭,始建于宋崇宁四年,即1105年。数百年来,此为历代张天师修炼和祀神之所。

嗣汉天师府因元至元十三年(1276年)第三十六代天师被封为"嗣汉天师"而得名。明洪武元年(1368年),明太祖朱元璋封四十二代天师为"正一嗣教真人",并赐金重修天师府。成化三年(1467年),明宪宗又赐御书"大真人府"匾额。自明至清,府第数次修葺。现存主要建筑有府门、二门、私第、万法宗坛、玄坛殿、灵官殿、花园、百花塘等建筑构成,总占地面积5万余平方米,是一处王府式样的建筑,也是中国现存封建社会保存完好的"大府第"之一。

天师府坐落在上清镇中部,背靠西华山,南朝琵琶峰,门临泸溪河,依山带水,是一块风水宝地。全府占地5.4万平方米,建筑面积1.4万平方米,这组建筑群融道教宫观与王府建筑于一体,是别具一格的道教领袖私第园林,这在中国乃至世界都绝无仅有,与山东孔府并称"中国两大府第"。

天师府整个建筑呈八卦形,均为重檐丹楹、彤壁朱扉。府第正门两侧悬挂"麒麟殿上神仙客,龙虎山中宰相家"楹联。私第为王府式建筑,雕梁画栋,金碧辉煌。院内大树参天,绿树红墙,交相辉映,是国内现存的封建王朝"大府第"之一。万法宗坛为天师祀神之所,曾祀神138尊。正殿"三清殿"奉祀"三天尊"、"四御"、"三官"、"五老"等神像,东西配殿分别祀道教护法神和道教财神。新建的"玉皇殿",占地600余

嗣汉天师府 >

平方米，身高 8 米的"玉皇大帝"端坐殿中间，金童玉女侍立左右，12 位
真君配祀两旁。8 条金龙飞舞盘旋楹殿间，预示人间天堂的扬善惩恶、国
泰民安。

新中国成立后，人民政府又多次拨款修缮，不仅改建了大部分殿堂，
而且新建了"玉皇殿"。1983 年，嗣汉天师府被国务院列为全国重点宫观
保护单位，并列为重点开放的道观之一。

知识小百科

南张北孔

我国封建社会有两大府第：南张北孔，北孔指的是位于中国北方山东济宁的孔子
府第，以孔府、孔庙、孔林著称于世；而对于南张，则指的是龙虎山嗣汉天师府。龙虎
山是我国道家发源地和发祥地，被誉为"中国道都"。道教天师道历代天师除第一代后
期和第二、第三代在四川传道、羽化外，其余天师世居龙虎山，承袭 63 代，历经 1900
多年，是我国一姓嗣教时间最长的道派。

江西的旅游胜地

第九节 千古之谜——古岩悬葬

古岩悬葬是距今 2000 多年前春秋战国时期的古越族悬葬墓群，分散于江西贵溪龙虎山的仙岩、水岩、龙虎山庄、万祖岩等主要景点中，与龙虎山泸溪两岸的奇峰、峭壁、怪石、秀水等景组成一道别致的自然景观。

古岩悬葬墓都坐落在临水 30—80 米高的悬崖缝洞中。春秋战国时期，古越人盛行悬棺葬俗，亲人死后放入棺木，选择高崖洞穴用木板架鐾于洞穴或岩隙间，筑成栈道，然后将棺木抬上安置于悬崖洞穴内，再将栈道木桩撤去。有的棺木全部放入，有的则露出一半，远远望去，犹如悬浮于云雾天边，腾空仙去，故有仙人岩、仙人仓、仙人城之说。

据 1978 年对其中 18 座悬棺的考古发掘、鉴定，发掘出的随葬品 220余件，系春秋末、战国初时文物，多是用竹、木、玉、石、陶制成的生产、生活用品和兵器。其中有国家珍贵文物十三弦古琴、纺织机具，国家二级文物桃木刀、桃木剑、双耳黑陶等。这些种类繁多的出土文物，向我们形象地展示了当时古越人的生产和生活情景，使得我们比较具体地了解了颇具特色的古越族文化的面貌，也为研究我国春秋战国时期的政治、经济、文化提供了宝贵的资料。

对于 2000 年前，古越人如何将笨重的棺木置放于临江离水面数十米高的悬崖缝洞中，吸引了大批的专家学者对其研究，至今仍为不解之谜，也吸引着一批又一批的游人前往游览。

第十节 江西革命烈士纪念堂

　　江西革命烈士纪念堂位于南昌市八一大道中段143号。建筑物为钢筋混凝土结构，共三层，建筑面积4000平方米。纪念堂周围是参天的大树，堂前场地上矗立着一座红军塑像。

　　江西是中国革命的摇篮。1927年，震惊中外的八一南昌起义打响了共产党武装斗争的第一枪，同年10月，毛泽东率领秋收起义部队挺进井冈山，创立了全国第一个农村革命根据地，继而又与朱德、陈毅的部队会师在井冈山，成立了中国工农革命第一支武装——红四军……在这块红色的土地上，江西有近24万人在土地革命战争中为中国革命事业英勇捐躯，流尽了最后一滴血。为褒扬革命烈士，1952年7月，江西省人民政府报经批准，动工兴建江西革命烈士纪堂。1980年扩建了展厅，扩建后的纪念堂占地面积为1.88万平方米。

江西革命烈士纪念堂 >

　　　　　　　　　　　　　　　　　　　　　　江西的旅游胜地

纪念堂门上镌刻着"江西革命烈上纪念堂"几个大字。堂内分前厅、序厅、灵堂和8个陈列厅。前厅镌刻有毛泽东题词,"共产主义是不可抗拒的"、"星星之火,可以燎原"、"死难烈士万岁"。还有刘少奇、周恩来、朱德、彭德怀、董必武、谢觉哉等老一辈革命家的题词。序厅存放着江西自北伐战争至社会主义革命和建设时期近25万名革命烈士的英名录。灵堂的祭坛上建有纪念碑,碑石上刻有朱德题字"革命烈士永垂不朽"。陈列厅里,依次按北伐战争、土地革命战争、抗日战争、解放战争、社会主义革命和建设5个历史时期,陈列着11个战斗集体、420名革命烈士的英雄事迹和生平,还有371件烈士遗物。

1986年10月,江西革命烈士纪念堂列为全国重点烈士纪念建筑物保护单位。

第十一节　上饶集中营革命烈士陵园

上饶集中营革命烈士陵园位于上饶市茅家岭村,始建于1955年,占地面积为0.2平方公里。

1941年初,国民党反动派将在皖南事变中突围未成的新四军将士以及从东南各省搜捕的共产党员和进步人士760人,关押囚禁在上饶市的周田、石底、茅家岭和上饶县的李村、七峰岩等地。其中以周田为大本营,建立了规模庞大的人间地狱——上饶集中营。当时集中营以所谓"军事训练机关"的假面目出现,称"第三战区司令长官司令部训练总队军官大队"和"第三战区司令长官司令部特别训练班",对关押的革命志士施行了残无人道的迫害折磨,先后有150余人遭敌人杀害和折磨而死。其中,新四军教导总队副总队长兼教育长冯达飞等15位烈士被秘密杀害于茅家岭。新四军军长叶挺曾关押囚禁于李村监狱达8个月之久。他在囚室的墙上写下了"富贵不能淫,威武不能屈;正气压邪气,不变应万变;坐牢三个月,胜读十年书"这一正气浩然的诗句。当时,上饶集中营的革命党人成立了秘密党组织,领导被囚禁人员与敌人进行了不屈不挠的斗争,并成功地组织了全国闻名的"茅家岭暴动"和"赤石暴动",使一批革命志士逃出虎口,继续同国民党反动派展开新的斗争。

上饶集中营革命陵园内建有革命烈士公墓、纪念碑、纪念亭和纪念馆。革命烈士公墓呈半球拱形,直径约7米,高约2米。墓内安葬着上饶集中营革命烈士的忠骨。陵园东北部雷公山的西半坡上,竖立着高28.2米、长宽各20米、用花岗岩石砌成的革命烈士纪念碑,碑身正面镌刻有周恩来题写的"革命烈士们永垂不朽"9个大字,碑座上刻有刘少奇、朱德等老一辈革命家的题词以及中共江西省委、省人民委员会的题文。在纪念碑与革命烈士公墓之间有垂立式的护坡墙,墙面上镌有"茅家岭暴动"和"赤石暴动"浮雕。浮雕各高1.5米、宽6米,用6块汉白玉石拼成。

纪念碑北面山坡当年冯达飞牺牲的地方建有纪念亭,南面是革命烈士纪念馆。馆内陈列着记载上饶集中营当时的情况及革命志士在集中营秘密党组织的领导下,坚持不屈不挠斗争的文字资料、实物资料及照片,还有部分革命烈士生平事迹的介绍。

上饶集中营革命烈士陵园 >

茅家岭监狱旧址，原是国民政府第三战区政治部专员室的禁闭室。1941年上饶集中营建立后，又成为集中营的禁闭室。监狱内设置了铁站笼、烧辣椒水的大铁锅。旧址建筑面宽18米，进深18米，高7米，为封闭式的庙宇建筑。1942年5月25日，关押在茅家岭禁闭室的革命志士在中共秘密党组织的领导下，成功地举行了越狱暴动。缴获敌人机枪4挺、步枪8支、手榴弹39枚。除暴动主要负责人之一王传馥因掩护战友负伤和钟彭平在暴动时负伤被敌人抓回杀害外，其余24人胜利地冲出了集中营。

1988年8月，上饶集中营革命烈士陵园被列为全国重点烈士纪念建筑物保护单位。

知识小百科

赤石暴动

皖南事变后，1942年6月17日，被国民党反动派关押在江西上饶集中营的第六队80多名被俘同志，趁日军进攻江西，上饶集中营向福建撤离的有利时机，在秘密党支部的领导下，于崇安县（现名武夷山市）的赤石镇举行了越狱暴动，冲上了武夷山，这就是闻名全国的赤石暴动。赤石暴动在我党监狱斗争史上是空前的。这次暴动的胜利，给国民党反动派以沉重的打击，粉碎了他们造谣说新四军被捕人员都已向他们屈服投降的欺骗宣传。

第七章

继往开来的新江西

　　江西上毗长三角，下邻珠三角，东部紧邻闽东南三角洲，独有的地理优势将使其在泛珠三角中扮演着重要的角色。京九铁路、赣粤高速公路的相继贯通使江西与广东、香港形成朝发夕至的经济圈，与粤港澳相比，江西劳动力成本、土地成本、水电成本较低，加上现有的交通优势，为粤港澳企业来江西投资创造便利条件。美丽江西、历史江西、人文江西正阔步前行！

∧ 立体大交通为江西构筑起跨越发展的"高速路"

我爱江西

第一节　经济总量实现新的突破，国民经济综合实力进一步提高

江西全省生产总值由 2007 年的 5800 亿元增加到 2012 年的 12948.5 亿元，五年增长 1.2 倍，年均增长 12.8%。经济总量连年跨越新台阶，2008、2009 年分别突破 6000 亿元和 7000 亿；2010 年跨越了两个千亿台阶，达到 9451 亿元；2011 年突破万亿元，达 11703 亿元，进入"万亿元俱乐部"。财政收入突破 2000 亿元，由 2007 年的 665.2 亿元增加到 2012 年的 2046 亿元，五年增长 2.1 倍，年均增长 25.2%。人均水平大幅提高，人均生产总值继 2010 年突破 3000 美元大关后，2011 年继续突破 4000 美元，达 4055 美元，2012 年达到 4562 美元，经济社会进入一个新的快速发展阶段。

第二节　产业结构迈出新的步伐，经济发展的协调性进一步增强

江西全省三次产业结构由 2007 年的 15.6:51.3:33.1，调整为 2012 年的 11.7:53.8:34.5，"二、三、一"的产业格局得到进一步巩固。农业的基础地位日益巩固。2009 年粮食产量在连续 6 年增产的基础上突破 400 亿斤，

∧ 江西将建成全球光伏产业基地

达到 400.5 亿斤；2011 年达到 410.6 亿斤，2012 年达到 416.96 亿斤，连创历史新高，获得"九连丰"。随着工业化进程加快推进，以工业为主导的经济发展格局不断巩固。2007—2012 年，全部工业增加值由 2412 亿元增加到 5855 亿元，其中 2009—2011 年，连续跨越 3000、4000、5000 亿元三个台阶；工业增加值占 GDP 的比重由 2007 年的 41.6% 提高到 2012 年的 45.2%，工业主导地位显著增强。工业企业效益水平大幅提升，规模以上工业企业主营业务收入 2010 年突破万亿元，利税总额突破千亿元，分别达到 14197 亿元和 1446 亿元；2012 年分别突破两万亿和两千亿，分别达到 22268 亿元和 2130 亿元。经济效益指数由 2007 年的 202.0% 提高到 2012 年的 298.3%，提高 96.3 个百分点。服务业发展步伐逐步加快。江西省委、省政府在加速推进工业化、城镇化的同时，不失时机地做出加快服务业发展的重大战略，推动服务业较快发展。全省服务业增加值由 2007 年的 1919 亿元增加到 2012 年的 4461 亿元，增长了 1.3 倍，服务业增加值占 GDP 的比重比上年提高 1 个百分点。

我爱江西

鄱阳湖生态经济区

鄱阳湖生态经济区是以江西鄱阳湖为核心，以鄱阳湖城市圈为依托，以保护生态、发展经济为重要战略构想的经济特区。国家把鄱阳湖生态经济区建设成为世界性生态文明与经济社会发展协调统一、人与自然和谐相处的生态经济示范区和中国低碳经济发展先行区。国务院已于 2009 年 12 月 12 日正式批复《鄱阳湖生态经济区规划》，标志着建设鄱阳湖生态经济区正式上升为国家战略。这也是新中国成立以来，江西省第一个纳入为国家战略的区域性发展规划，是江西发展史上的重大里程碑，对实现江西崛起新跨越具有重大而深远的意义。

∧ 共青城是鄱阳湖生态经济区的重要节点

第三节　区域发展战略跨入新的高度，特色经济板块进一步形成

　　江西省委、省政府始终立足江西实际，以心系赣鄱的深情、前瞻性战略眼光，争取鄱阳湖生态经济区建设和赣南等原中央苏区振兴发展上升为国家区域发展战略，支持南昌打造核心增长极，加速推进九江沿江开放开发，构筑"龙头昂起、两翼齐飞、苏区振兴、绿色崛起"的区域发展格局，区域经济活力增强。2012年，南昌市地区生产总值、财政总收入、社会消费品零售总额分别突破3000亿元、400亿元、1000亿元大关，分别增长12.5%、25.6%、18.4%；地区生产总值增幅位居全省设区市第一。赣南苏区振兴发展的各项工作全面推进，政策效应逐步显现。赣州市主要经济指标增速在全省排位前移，其中固定资产投资增速居全省首位。九江市生产总值、财政收入、工业增加值增速均高于全省平均水平，其中财政收入增速高于全省平均增幅12.1个百分点，居全省首位。